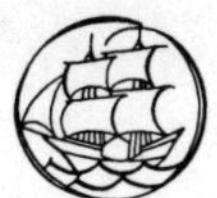

Dietrich Mack

WAGNERS FRAUEN

Mit Abbildungen

Insel Verlag

Insel-Bücherei Nr. 1373

INHALT

EINLEITUNG
WEIBES WONNE UND WEH

Wagners Leben hat mehr Widerspruch provoziert als seine Werke, die nur anfangs schockieren, später die Opernbühnen beherrschen und heute gleichberechtigt neben denen von Mozart oder Verdi stehen. Sein Leben, bewundert, gescholten und tausendfach beschrieben, bleibt dem Streit verhaftet. Seinen Charakter zu verurteilen, ist nicht schwer. Er bietet viele Angriffsflächen. Opportunismus, Größenwahn, Egozentrik gehören dazu. Wagner verherrlicht Ludwig II., solange dieser ihm hörig ist, schmäht Meyerbeer oder Bismarck nicht aus künstlerischer oder politischer Überzeugung, sondern weil sie ihm nicht helfen. Er überschätzt sich maßlos, als er bayerische Politik bestimmen will. Er liebt alles, was ihm nützt, jeden, der ihn bewundert. Geradezu kindlich. In moralischer Hinsicht ist sein Leben trotz seiner Kinder- und Tierliebe, seiner Großzügigkeit, seiner Höflichkeit gegenüber einfachen Leuten eine schwer erträgliche Zumutung. Ratlos klagt seine erste Ehefrau: Muss ein Genie ein Schuft sein?

So denkt in Wagners Augen nur eine Philisterseele, die keine Ahnung hat von den Bedürfnissen eines großen Künstlers, von *seinen* Bedürfnissen. Selbstbewusst fordert er moralische Immunität und Finanzierung seines Lebens: Die Welt ist mir schuldig, was ich brauche, ich gebe der Welt meine Werke. Nur Geld mache, wie er 1854 schreibt, in dieser »Sauwelt« frei. Wie kein Künstler vor ihm ist Wagner von seiner Bedeutung überzeugt. Nur im Schlaf quälen ihn Schuld- und Angstgefühle, hat er Feigheits-, Betrugs- und Renommierträume. Mit großer Frechheit und Beharrlichkeit beutet er die Welt aus, lebt über seine Verhältnisse. Seinen Künstlernerven muss, wie er einmal an Liszt schreibt, mit Luxus geschmeichelt werden. Er kann zäh sein und lange anspruchsvolle Alpenwanderungen machen, aber auf Stroh mag er sich nicht betten, auf einer harten Orgelbank wie der verehrte Meister Bach nicht sitzen, Fusel nicht trinken. Wein, Champagner müssen ihn reizen, in weichen Fauteuils muss er versinken, in schwülen, parfümierten, mit Atlas und Seide ausgestatteten Räumen muss er arbeiten und schlafen. Diät, obwohl ärztlich immer wieder verordnet, ist seine Sache nicht und die seiner Opernhelden erst recht nicht. Sein Lebensstil ist der eines Popmusikers: groß in Aufwand und Inszenierung. Das kostet viel Geld, fremdes Geld, denn seine Kunst, Dirigieren und Komponieren, ist lange eine brotlose Kunst. Erst seine Erben profitieren von modernen Urheber- und Verwertungsrechten.

Doch Wagner ist nicht nur ein skrupelloses Genie im Finanziellen, auch Frauen braucht er lebenslang. Kurz vor seinem Tod in Venedig am 13. Februar 1883 erinnert er sich all seiner »Weibsen«, träumt von ihnen, beginnt einen Text mit dem Titel »Über das Weibliche im Menschlichen«, verklärt die Ehe mit Cosima, streitet aber am nächsten Morgen heftig mit ihr; möglicherweise wegen des Besuches einer jungen Sängerin. Er ist, so nennt er sich selbst, ein »Verherrlicher der Frauen«. Eine Frau weist dem Sechzehnjährigen den künstlerischen Weg, eine Frau hält die Totenwache und festigt sein Erbe. Zweimal heiratet er; mit dreiundzwanzig Jahren als vagabundierender, verschuldeter Musikdirektor die hübsche Schauspielerin Minna Planer, mit siebenundfünfzig als berühmt gewordener Komponist die seinetwegen geschiedene Cosima von Bülow, mit der er zuvor drei Kinder gezeugt hat. Die Ehe mit Minna dauert formal fast dreißig Jahre, bis zu ihrem Tod. Nach einem stürmischen Beginn, Wagner ist der Werbende, erkaltet die Liebe bald. Minna ergeht es wie Deianeira mit ihrem Mann Herakles: Sie hat das viel beneidete, aber bittere Los, Weib eines rücksichtslosen Heros zu sein. Cosima dagegen wird Komplizin eines Schufts, weil sie sein Genie vergöttert.

Aus diesen beiden Ehen leitet Wagner eine Doktrin ab: Bedin-

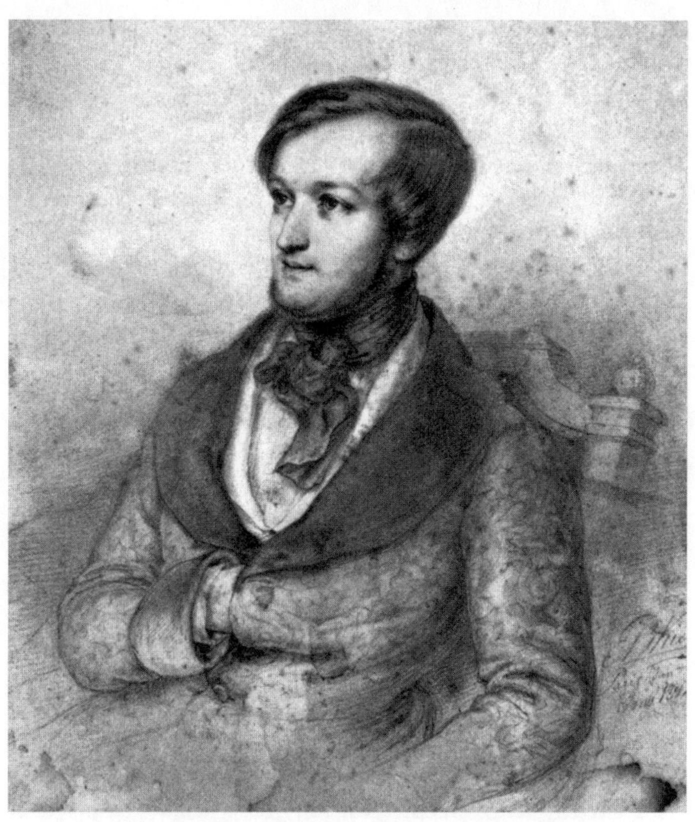

RICHARD WAGNER (im Schlafrock)
Zeichnung von Ernst Benedikt Kietz, Paris 1840/42

gung für eine glückliche Ehe sei die Gleichheit der Intelligenz, nicht der Charaktere. Verschiedene Charaktere zögen sich an und ergänzten einander, die Differenz der Intelligenz aber sei das schlimmste. Darum sei seine erste Ehe gescheitert und die zweite geglückt. So diktiert er es Cosima. Die ganze Wahrheit ist das nicht.

Die Ehen hindern ihn nicht daran, sich für viele Frauen zu begeistern, unabhängig von deren Intelligenz. Sie sind die Musik seines Lebens. Er prahlt in seiner Autobiographie mit seinen Ausschweifungen in der Jugend, die heftiger als normal gewesen seien, schämt sich keiner seiner Liebschaften, retuschiert und relativiert sie aber mit Rücksicht auf Cosima und die Nachwelt. Er ist exhibitionistisch in seinen Gefühlen, nicht, wie das modern geworden ist, im Sexuellen. Einzelheiten erspart er uns, Andeutungen nicht. Auch wenn Leidenschaft und Ekstase oft nur rhetorisch sind, »Schatz«, »Heißgeliebte« und »Küsse« nicht immer gelebte Erotik bedeuten, Enthaltsamkeit entspricht seinem Charakter ebenso wenig wie Bescheidenheit. Er, der sich ein Kind des Enthusiasmus nennt, erwartet von den Frauen Begeisterung, Verständnis, Hingabe oder – mit seinen Worten –, dass sie ihrem Instinkt der Liebe folgen und sich nicht wie die Männer von praktischer Vernunft leiten lassen. Bedingungslose Hingabe erlebt er nur ein einziges Mal. Zweimal ist er mehr oder weniger ernsthaft bereit, Minna zu verlassen, einmal Cosima. Den anderen bekannten oder nur vermuteten Liebschaften, erst recht den Bettgeschichten wie mit Mariechen in Penzing, fehlt die Ernsthaftigkeit. Eine Ausnahme ist Mathilde Maier. Sie wird zum Inbegriff von Wagners Sehnsucht nach einem häuslichen Herd. Bis 1874, bis sein Wähnen in Bayreuth Frieden findet, ist er ständig unterwegs, getrieben von Hoffnungen und Enttäuschungen. Viele Umzüge, immer neue Einrichtungen, Dienerschaft, den geliebten Erard-Flügel im Gepäck und die Putzmacherinnen an der Hand. Immer hofft er, dass die Frauen nicht nur für ihn schwärmen, ihn verstehen, seine Musik lieben, sondern ihm auch ein Zuhause geben. Familie und Heim sind ihm wichtiger als eine reiche Heirat, mit der er nur einmal in seiner tiefen Depression im Frühjahr 1864 kokettiert. Er braucht äußere und innere Ruhe, emotionale Stabilität, um seine komplizierten, riesigen Partituren zu schreiben. Schon Minna soll ihm nicht nur Bettgenossin sein, sondern vor allem auch Hausfrau. Aber erst Cosima wird seine allumfassende Hausfrau. Fricka sei ihre Lieblingsrolle, bekennt sie selbstbewusst. Mit ihr vollendet er den *Ring des Nibelungen* und verwirklicht seine kühne Festspielidee; mit ihr erfüllt sich seine Sehnsucht nach einer Familie und einem Erben. Er wird sesshaft, das Leben wird ruhiger. Davor liegt, mit Ausnahme des *Parsifal*, die Zeit der Ideen und der Inspiration. Sie gedeihen eher in dramatischen Lebenssituationen. In den schicksalhaften Jahren 1856/58, als in Zürich zwei Ehepaare aufeinandertreffen und die Grenzen ihrer emotionalen Belastbarkeit überschreiten, entwirft Wagner seine leidenschaftlichste Musik: den ersten Akt der *Walküre* und *Tristan und Isolde*. Die Lebensstürme dienen der Inspiration, die Ruhephasen der beharrlichen Arbeit. Das männliche Wunschbild einer Frau als Geliebte und Hausfrau ist wie die Tatsache, dass das Neue Appetit anregender sein kann als das Gewohnte, weder neu noch originell. Aber für Wagner ist es ein Lebens- und Arbeitselixier.

Mit Ausnahme Minnas sind alle Frauen, die sich in Wagner verlieben, bedeutend jünger als er. Er fasziniert sie nicht durch körperliche Attraktivität oder gesellschaftliche Stellung, sondern durch seine Persönlichkeit und sein Schicksal. Er wirkt wie ein sächsischer Julien Sorel. Durch die Kraft seines Temperaments und seines Willens übt er, wie ein französischer Zeitgenosse schreibt, einen unwiderstehlichen Zauber auf alle aus. Er ist eine Art Naturgewalt im Lieben wie im Leiden. Diesem Zauber erliegen viele Frauen von der Gräfin bis zur Zofe. Er genießt das mit großer Selbstverständlichkeit. Wenn die Frauen aber nicht nur für ihn schwärmen, sondern ihrem »Instinkt der Liebe« folgen, so haben sie oft das Bedürfnis, ihn, den Ruhelosen, Hilfsbedürftigen, Verkannten, zu »erlösen« wie Senta den Holländer. Erlösungsbedürftig ist Wagner immer, in seinem Leben wie in seiner Kunst. Erlösung durch das Weib ist die gesteigerte Form der Liebe. Dieses Helfer- und Erlösungssyndrom ist bei all seinen Frauen ausgeprägter als Eitelkeit oder Ruhmsucht. Sie riskieren viel, brechen aber, mit Ausnahme Cosimas, nicht mit ihrer bürgerlichen Existenz. Mit Jessie Laussot wäre Wagner möglicherweise geflohen, da war er ein frustrierter Ehemann im Alter von siebenunddreißig Jahren. Es wäre eine Flucht in ein Abenteuer, nicht aber in eine Zukunft gewesen. Gefährlich wird es 1858. Mathilde Wesendonck kommt seinem Wunschbild einer Frau sehr nahe, sie ist ihm Minne und Muse. Keinem anderen Menschen, Liszt ausgenommen, hat er so viel über seine Werke mitgeteilt wie ihr, sie in fünf Liedern verewigt. Diese Beziehung hätte gelingen können. Doch Mathilde strapaziert zwar die Geduld ihres Ehemanns, aber sie verlässt ihn und ihre Kinder nicht. Der Fluchtgedanke mit Judith Gautier, zwanzig Jahre später, ist vor allem ein Stimulanz für seine Arbeit am *Parsifal.* Cosima verbietet ihm die Beziehung, bleibt aber gelassen.

Liszt, Bülow, Nietzsche oder Ludwig II. sind auch ohne Wagner bedeutend; die Frauen sind es nicht, Judith Gautier ausgenommen. Jessie Laussot und Mathilde Wesendonck führen nach ihrem Verhältnis mit Wagner ein interessantes Leben, aber ohne die Beziehung zu ihm wären sie vergessen wie die anderen. Das gilt auch für Cosima.

Moralische und gar ideologische Maßstäbe werden dem Lebenskunstwerk dieses Menschen nicht gerecht. Er hat böse Witze über Juden gemacht und krude Gedanken über Politik und Religion verbreitet, manchem Unsinn Vorschub geleistet, aber ein verbissener, starrer Ideologe ist Wagner nicht. Dagegen betreiben Anhänger und Gegner seine Ideologisierung bis tief ins 20. Jahrhundert hinein. Wagner ist vor allem ein Mann des Theaters, genial im Handwerklichen, radikal im Denken. Mit ungeheurer Willenskraft verfolgt er seine Ideen, von denen viele Generationen profitieren werden. Sein Fleiß ist stupend: Opern, Schriften, Briefe; Partituren in gigantischen Dimensionen, zeitweise mehr als dreihundert Briefe im Jahr. »Nulla dies sine linea« ist sein Motto, und oft sind es viele Seiten an einem Tag. Dazu: reisen, dirigieren, organisieren, werben. Er ist ein Überzeugungstäter und sein bester Lobbyist. Sein normaler Zustand ist Exaltation. Viele Krankheiten plagen ihn, er fiebert und transpiriert ebenso schnell, wie seine Stimmungen wechseln: verletzend und höflich, heftig und liebenswürdig, fröhlich und bitter. Er liebt Bachs Messen ebenso wie Possen und sächsische Witze, die Nietzsche, Liszt und Cosima nur peinlich sind. Das Ernsteste schlägt in Unsinn um, was ihn, so glaubt er, vor dem Abgrund bewahrt habe. Die Menschen erleben ihn als Alleinunterhalter mit großem schauspielerischen Talent. Wenn er im Freundeskreis alle Partien aus einer im Entstehen begriffenen Oper mehr spricht als singt, verzaubert er alle. Liszt vergisst seine Moralpredigt. Die Damen liegen Wagner zu Füßen, küssen seine Hände und nennen ihn den »Einzigen«. Mit seiner Person und Musik ist er ein Meister der Verführung.

Nachdem er Jessie verloren hat und Mathildes Stern noch nicht aufgegangen ist, schreibt er 1852 während einer trostlosen Ehephase mit Minna, dass er sein im Leben ungestilltes heftiges Liebesbedürfnis in seine Kunst ergießen müsse. Seine Kunst jedoch ist nur vorübergehend eine Ersatzbefriedigung für das Leben. Wagner bleibt liebeshungrig. Dennoch ist das Leben kein einfacher Schlüssel zum Werk. Im Gegenteil: Wer Wagners Musik kennt, kann sein Leben und seine von Wonne und Weh geprägten »Liebschaften« besser beurteilen.

Erster Teil:
Die Ehe mit Minna Planer

Richard Wagner wird am 22. Mai 1813 in Leipzig als Sohn des Polizisten Carl Friedrich Wilhelm Wagner und seiner Frau Johanna Rosine, geb. Pätz geboren.

Sechs Monate nach seiner Geburt stirbt der Vater. Im August 1814 heiratet seine Mutter den Schauspieler, Dramatiker und Maler Ludwig Geyer. Die Behauptung, er sei Wagners leiblicher Vater, ist oft erhoben, aber nie belegt worden. Wagner wächst mit zwei Brüdern, vier Schwestern und seiner Halbschwester Cäcilie in bescheidenen Verhältnissen in Leipzig und Dresden auf. Eine Schwester stirbt bereits 1814, Ludwig Geyer 1821. Die älteren Geschwister sorgen für den Unterhalt der Familie. Aber es entsteht kein wirklicher Zusammenhalt zwischen den Geschwistern. Nach einem richtigen Familienleben wird sich Wagner lange sehnen. Die geliebte Schwester Rosalie stirbt 1837, die vier anderen schließen gute bürgerliche Ehen. Mit Argwohn und Geduld begleiten sie den Lebensweg ihres Bruders, der ihre Ehemänner immer wieder anpumpt. Seine Ideen und Pläne sind hochfliegend. Früh lernt er Werke von Mozart, Beethoven und Weber kennen und begeistert sich als Sechzehnjähriger für Wilhelmine Schröder-Devrient, die sein Leben wie keine andere Frau künstlerisch beeinflusst.

DIE BERÜHMTE WILHELMINE

Sie stammt aus einer berühmten Theaterfamilie, beginnt als Schauspielerin und wird jung zu einer europäischen Berühmtheit. Wagner erlebt sie 1829 in Leipzig als Fidelio. Begeistert schreibt er ihr, durch sie habe sein Leben seine Bedeutung erhalten, sie habe ihn an diesem Abend zu dem gemacht, was er werden wolle, einschließlich späteren Ruhms. Wilhelmine Schröder-Devrient, die den Gesang dem Drama unterordnet, verbindet in einzigartiger Weise Wahrhaftigkeit und Leidenschaftlichkeit. Das entspricht Wagners Ideal. In den nächsten Jahren bewundert er sie als Agathe im *Freischütz,* als Romeo in Bellinis *I Capuleti e i Montecchi* und in vielen anderen Rollen. Ihr Romeo, bekennt er später, habe ihn zur Raserei des zweiten *Tristan*-Aktes inspiriert. Sie ihrerseits glaubt, als sie Wagner ab 1834 näher kennenlernt, an diesen jungen Magdeburger Musikdirektor, erkennt sein Genie, hilft ihm mit ihrer Popularität, leiht ihm Geld. Vor allem in Dresden arbeiten sie eng zusammen. In den Uraufführungen von *Rienzi*, *Holländer* und *Tannhäuser* singt sie Adriano, Senta und Venus. Wie Wagner nimmt sie am Dresdner Aufstand teil und wird verbannt. Nach 1849 sehen sich beide nie mehr. Wilhelmines Glanz erlischt. Sie zieht sich nach Coburg zurück und stirbt dort 1860 im Alter von fünfundfünfzig Jahren. Wagner widmet ihr seine Schrift *Über Schauspieler und Sänger,* stellt ihre Büste in Wahnfried auf und bekennt immer wieder, ihr Einfluss auf ihn sei nur vergleichbar mit dem von Liszt. Noch kurz vor seinem Tod träumt er von ihr.

Wie intim ihre Beziehung wird, bleibt ein Geheimnis. Wilhelmine ist gut acht Jahre älter als Wagner, dreimal unglücklich verheiratet, hat viele Affären. Sie ist nicht so hübsch wie Minna, aber sie ist ein Theaterstar. Wagner lässt sich von ihr einiges sagen: Sie nennt ihn einen »Ehekrüppel«, weil er so früh geheiratet habe, und macht sich über seine affektierte Sprechweise lustig. Er urteilt über sie nie abwertend, auch als sie die Jugendlichkeit verliert und füllig wird. Direkten Fragen aber weicht er aus. Als er gefragt wird, ob sie schön gewesen sei, antwortet er: »Was soll ich darauf sagen, alles war Leben, Seele, Wärme und ein Ausdruck der Freude, wie ich ihn nur bei Cosima gesehen habe.« Das notiert Cosima 1881 stolz in ihrem Tagebuch. Schon früher hatte sie ihn gefragt, welcher Art diese Beziehung gewesen sei: »Wie immer, gar nicht zärtlicher Art; nein, sie hätte mir nie Liebes-Sehnsucht erwecken können, da war nicht genug Verschämtheit mehr da, kein Mysterium, in das man zu dringen gehabt hätte.« Verschämt ist Wilhelmine gewiss nicht, ihre erste Ehe mit Eduard Devrient ist bereits geschieden, als sie Wagner kennenlernt. Sie ist eine Frau »aus zweiter Hand«. Wagner wird solches oft beklagen, aber es wird nie ein Hindernis für ihn sein, eine Frau zu lieben. So bleibt die persönliche Seite im Dunkel, während die künstlerische hell leuchtet.

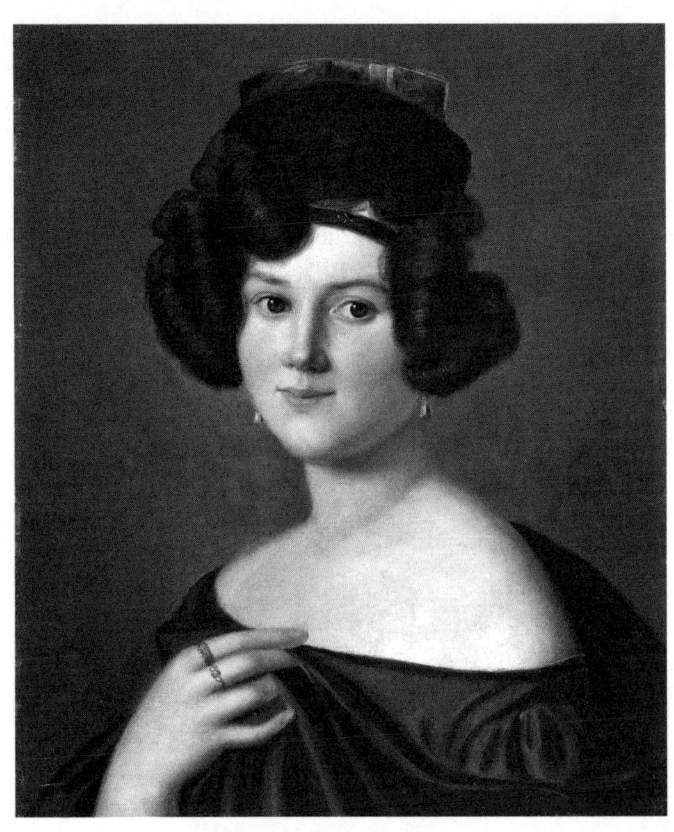

MINNA PLANER
Photographie nach dem Gemälde von
Alexander von Otterstedt 1835

DIE SCHÖNE MINNA

Mit achtzehn Jahren studiert Wagner beim Thomaskantor Theodor Weinlig, »dem größten lebenden Kontrapunktisten«, der ihn ohne Honorar unterrichtet. Er komponiert *Die Hochzeit, Die Feen, Das Liebesverbot* und dirigiert im Leipziger Gewandhaus mit beachtlichem Erfolg seine Sinfonie in C-Dur. Er ist fleißig, aber auch »liederlich« mit heftigen Ausschweifungen. Die wilde Jugend, die jeder Knabe haben müsse, meint er später, sei bei ihm besonders wüst gewesen. Seine praktische Arbeit am Theater beginnt er 1833 als Chordirigent in Würzburg. Im Sommer 1834 wird er Kapellmeister in Lauchstädt. Auf Wohnungssuche lernt er eine attraktive Schauspielerin kennen.

Minna, geboren am 5. September 1809, ist die dritte Tochter von Gotthelf Planer und seiner Ehefrau Johanna Christiane. Das Ehepaar hat neun Kinder und ist zu arm, um diese Kinder ausbilden zu lassen. Minna ist hübsch und talentiert, sie will zum Theater. Mit fünfzehn beginnt sie ein Verhältnis mit dem Hauptmann Ernst Rudolph von Einsiedel – nach anderen Quellen ist es der sächsische Major Ernst Reinhard von Einsiedel – und bringt 1826 die Tochter Ernestine Natalie zur Welt. Mit Hilfe der Mutter täuscht sie den eigenen Vater und gibt Natalie als ihre jüngere Schwester aus. Natalie erfährt nie, dass sie Minnas Tochter ist. Sie wird Minna in schweren Zeiten beistehen, Mathilde Wesendonck und Cosima wird sie hassen.

Minna ist vielbegehrt und als jugendliche Liebhaberin am Theater erfolgreich. Wagner ist ein wenig attraktiver, früh verschuldeter Anfänger, aber er ist selbstbewusst, eloquent und verliebt. Doch Minna hält Distanz, hofft auf eine bessere Partie. Stürmisch umwirbt Wagner seine »süße Braut« mit Heiratsversprechen; nur sie könne alle seine Fähigkeiten und Pläne fördern. Er schreibt ihr so glühende Liebesbriefe wie nur einer anderen Frau später. Minna bleibt vorsichtig, geht nach Berlin, um Karriere zu machen. Ihre Hoffnungen erfüllen sich ebenso wenig wie die Wagners. Als Kapellmeister zieht er durch die Provinz: Rudolstadt, Magdeburg, Königsberg, später Riga. Schlecht bezahlte, ruhmlose, kurze Engagements. Provinz-, nicht Hofheater, Komödienwirtschaft eben.

Wagner sehnt sich nach einem Zuhause. Vater und Stiefvater sind tot, das Verhältnis zu den Geschwistern ist spröde. Die Mutter liebt ihn, und er versichert ihr, dass ihre Liebe sein einziger Rückhalt in allen Nöten sei, aber helfen kann sie ihm nicht. Konsistenz und Wärme, schreibt er seinem Freund Theodor Apel, könne ihm nur Minna geben. Als Minna Ende Oktober nach Berlin geht, bestürmt er sie wieder, sie solle ihre Karriere aufgeben und ihm vertrauen: »Ich will Dich lieber im Schweiße meines Angesichtes selbst ernähren, ehe ich Dich um dieser nichtswürdigen Theaterwirtschaft von mir lasse. Dies sei Dir geschworen. Du schreibst: Wenn ich Dich verließe, hätte ich Dein Schicksal auf meinem Gewissen; und ich sage Dir, wohlan, lege Dein Schicksal ganz in meine Hände und ich will es treu auf mein Gewissen nehmen« (Brief vom 7.11.35). Heilige Eide, leidenschaftliche Gefühle. Diese sprachliche Exaltation, die ihm viel später bei seinem Briefwechsel mit Ludwig II. den Verdacht der Homoerotik einträgt, ist ihm wesensmäßig: O Minna, O mein Kind, O mein Engel, O mein Gott, O mein Weib. Auch Minnas wahres Alter und ihre Mutterschaft schrecken ihn nicht ab. Er hofiert ihre Mutter, die Eltern willigen ein. Als er in Berlin keine Anstellung findet, folgt er seiner Braut ins preußische Sibirien nach Königsberg. Fern der Heimat, fern den Familien wird am 24. November 1836 in der Tragheimer Kirche geheiratet. Der Tag, der mit einer kleinen Lüge beginnt – im Heiratsregister wird das Alter des Bräutigams mit vierundzwanzig Jahren, das seiner Braut ein Jahr jünger angegeben –, nimmt »seinen gemeinen, vorübergehenden Verlauf«, wie Wagner später Cosima für seine Autobiographie

Mein Leben diktiert. Am Morgen nach der Hochzeitsnacht muss er wegen Schuldverklagungen aufs Stadtgericht. Diese Nöte werden die Ehe immer belasten.

Der Honeymoon ist kein Honigschlecken. Das Engagement am Königsberger Theater ist ebenso kurz wie das Eheglück. Minna ist umschwärmt und Richard krankhaft eifersüchtig. Er verdächtigt sie der Untreue, tobt – und bettelt wenig später auf Knien um Verzeihung. Er habe ihr, so wird sich Natalie erinnern, das Leben zur Hölle gemacht, sie roh und brutal behandelt. Sechs Monate nach der Hochzeit flieht Minna an der Seite eines Herrn Dietrich, der ihr seit längerem den Hof macht, nach Dresden zu ihren Eltern. Richard folgt ihr, wirbt vergeblich um sie. Erneut flieht sie mit Dietrich und wohnt mit ihm in Hamburg im gleichen Gasthof. Wagner denkt an Scheidung. Er nimmt eine Kapellmeisterstelle in Riga an. Nach knapp drei Monaten schreibt Minna einen reuevollen Brief und reist im Oktober 1837 nach Riga. Diesmal bleibt sie und verzichtet ihrem Mann zuliebe auf eine weitere Theaterkarriere. Fortan ist sie nur noch Hausfrau.

Im ersten Ehejahr lässt Minna ihren Mann also zweimal sitzen, zweimal verzeiht er ihr. Noch sind die Gefühle stärker als das Aufrechnen von Schuld. Über diese Liebesgeschichte und den Beginn ihrer »eigenwilligen Ehe« wird das Ehepaar später heftig streiten. In den autobiographischen Mitteilungen an seine Freunde 1851 beschreibt Wagner, ohne Minna zu nennen, den Anfang ihrer Ehe als moderne Vergeltung seines Leichtsinns. »Ich war verliebt, heiratete in heftigem Eigensinne, quälte mich und andere unter dem widerlichen Eindruck einer besitzlosen Häuslichkeit und geriet so in das Elend, dessen Natur es ist, Tausende und Abertausende zugrunde zu richten.« Diese Stelle wirft Minna ihrem Mann später vor und er versucht in einem langen Brief aus Luzern zu erklären, dass er nicht ihre Liebesgeschichte erzählen, sondern mit Blick auf seine künstlerische Entwicklung seine Lebensstimmung andeuten wollte.

Damals seien sie verliebt gewesen und dieser Reiz mache begehrlich, selbst- und damit eifersüchtig. »Die blinde Sucht nach dem ungeschmälerten Besitz des Andern verwischt aber alle Vernunft: Der Eigensinn siegt und die Folgen, Kummer, Sorgen, Not und schwere Schicksale, wie sie eine unreife, bürgerlich gänzlich unbegründete, äußerlich höchst mißliche Lage unabwendbar herbeiführen, bleiben nicht aus.« Ausführlich rät er Minna, wie sie sich anderen Menschen gegenüber verhalten, wie sie sein damaliges verliebtes, auf Heirat drängendes Verhalten erklären und ihr eigenes Davonlaufen auf Grund seiner »verletzenden Exzesse« entschuldigen soll. Nach den Jugendprüfungen seien dann die harten Prüfungen des Lebens mit äußerer Not und starken Schatten gekommen. Auf Grund seiner originellen Künstlernatur, die ihn erregbar und jugendlich erhalte, und seiner gefühlvollen und schwärmerischen Werke hätten sich von außen »neu auftretende Erscheinungen« eingestellt, gegen deren Wirkung die Ehefrau nachsichtig sein müsse, da sie ihm »als alter Besitz« nahe bleibe und sich auf ihn, »wenn es auf das Äußerste kam«, verlassen könne. Denn nur im Wohl oder in der Wiederherstellung des Wohls des Anderen gründe das eigene Wohl; das sei auch der Grundzug seiner Beziehung zu ihr geworden.

Das schreibt Wagner im Mai 1859, nach dem Abenteuer mit Jessie Laussot und der Verklärung Mathilde Wesendoncks. Auch als Ehemann nimmt er für sich den Standpunkt in Anspruch, dass der Zweck die Mittel heilige, denn dieser Ehemann ist vor allem ein Künstler. Er schenke der Welt seine Meisterwerke, und die Welt soll ihm geben, was er dafür brauche, vor allem Geld, und zu Hause Behaglichkeit, Ruhe, Geduld. Diese Sicht der Dinge, die alles mit seinem Künstlertum erklärt, findet man auch in *Mein Leben* und in Cosimas Tagebüchern. Minna antwortet mit »blutigen Tränen«.

Doch kehren wir zu den »harten Prüfungen des Lebens« zurück. In Riga arbeitet Wagner am *Rienzi* und träumt von Paris. Er verkracht sich mit seinem Theaterdirektor Karl von Holtei, der Minna den Hof macht. Im März 1839 verliert er seine Stelle. Um den Schuldnern zu entgehen, flieht das Ehepaar heimlich aus Riga. Auf der Flucht ereignet sich ein folgenschwerer Unfall: Minna wird von der umgestürzten Kutsche so schwer verletzt, dass sie, nach der Aussage von Natalie, »des höchsten Glücks einer jungen Frau, des begonnenen Mutterglücks verlustig ging«. In seiner Autobiographie erwähnt Wagner den Unfall, aber nicht diese Konsequenz. Die Ehe bleibt kinderlos. Vor allem in Krisenzeiten denken sie an eine Adoption. Viele Hunde und andere Haustiere kompensieren die Kinderlosigkeit.

In Pillau gehen sie an Bord des kleinen Kaufmannsschiffs *Thetis* und geraten mehrfach in so schwere Seenot, dass sie um ihr Leben fürchten. Diese Erfahrung, davon wird der *Fliegende Holländer* profitieren, schweißt wie die folgenden Hungerjahre in Paris das Ehepaar zunächst zusammen. Über London und Boulogne-sur-Mer erreichen sie im September Paris, die Weltmetropole der Musik. Dort beendet Wagner 1840 zwar die Komposition des *Rienzi* und im Jahr darauf den *Holländer*, aber Geld verdient er damit nicht. Die Große Oper nimmt seine Werke nicht an. Da hilft auch die Bekanntschaft mit dem Pariser Gott Giacomo Meyerbeer und mit dem jungen Klaviervirtuosen Franz Liszt nichts. Im Gegensatz zu Wagner spricht Minna kein Französisch, als Schauspielerin ist sie in Paris nicht gefragt. Mit seinen »Lohnarbeiten« schlagen sie sich durch, wechseln mehrfach die Wohnung. Silberzeug und Uhr kommen ins Leihhaus. Wagner schreibt Berichte für die *Gazette musicale*, arbeitet als Korrektor, Arrangeur, stellt Klavierauszüge her. Mit großer Geduld unterstützt ihn der Buchhändler Eduard Avenarius, der mit Wagners Stiefschwester Cäcilie verheiratet ist. Not lehre nicht nur beten, sondern auch unverschämt zu sein – so entschuldigt sich Richard bei seinem Schwager.

Im Juni 1841 nimmt das Dresdner Hoftheater, auch auf Empfehlung Meyerbeers, *Rienzi* zur Uraufführung an. Im April des nächsten Jahres zieht das Ehepaar Wagner nach Teplitz bei Dresden. Sie leben bescheiden, ernähren sich von Hering und Kartoffeln. Nichts habe sich geändert: ein Hausstand mit schönen, vagen Aussichten und armseliger Gegenwart. Wagners Mutter kommt nach Teplitz: nach sechs Jahren sieht sie ihren Sohn wieder und erstmals ihre Schwiegertochter Minna. Die beiden Frauen verstehen sich. Minna, die ihre erkrankte Schwiegermutter pflegt, leidet unter der Armut, aber noch mehr darunter, dass ihr Mann jeden anpumpt. Erstmals denkt sie an Trennung. Wagner ist entsetzt und verspricht, niemandem mehr zur Last zu fallen, am allerwenigsten seiner Familie. In den Hungerjahren in Paris habe sie zu ihm gehalten, jetzt sei der Erfolg von *Rienzi* gewiss: »Wir dürfen uns durchaus nicht auf lange Zeit trennen, das fühle ich nun wieder von neuem tief und innig. Was Du mir bist, kann mir eine ganze Residenz von 70 000 Einwohnern nicht ersetzen« (Brief vom 28. 7. 42). Denn die Häuslichkeit, die er so schätze, würde ihn ohne sie anwidern.

In der Waisenhausgasse mietet er zwei anständige Zimmer und ein Kabinett, die Küche kann mitbenutzt werden. Diese bescheidene Wohnung bezieht das Ehepaar im August. Zum familiären Glück fehlen nur noch Kinder, aber: »Mit Cäciliens Sticheleien von wegen Kindern ist es noch nischt: Wir müssen uns, da wir durchaus noch keine Aussicht auf menschliche Jugend haben, immer noch mit Hunden behelfen! Wir haben jetzt wieder einen, erst 6 Wochen alt, ein kleines, drolliges Tierchen; er heißt Peps« (Brief an Eduard Avenarius 11. 9. 42). Am 20. Oktober dirigiert Wagner mit großem Erfolg die Uraufführung des *Rienzi*. In den Hauptrollen singen Wilhelmine Schröder-Devrient und Joseph Tichatschek. Die Familie ist stolz. Wagner wird Mode in Dresden, doch die Geldsorgen nehmen nicht ab. Für seine Oper bekommt er pauschal dreihundert Taler; die gleiche Summe schuldet er einem Königsberger

Juden. Wilhelmine Schröder-Devrient leiht ihm eintausend Taler. Mit dem Geld muss er alte Schulden tilgen, Schneider und Schuster in Paris bezahlen, Pfandsachen auslösen.

Am 2. 1. 1843 wird in Dresden *Der fliegende Holländer* uraufgeführt. Wagners Ruhm wächst, man bietet ihm die Stelle eines königlichen Hofkapellmeisters an. Er zögert aus Furcht, einen Teil seiner schöpferischen Freiheit zu verlieren. Aber er ist auch geschmeichelt vom Glanz dieser Position. Selbstbewusst fordert er ein Jahresgehalt von tausendachthundert Talern und richtet eine anständige Kapellmeister-Wohnung in der Ostra-Allee ein. Die Wohnung mit fünf Zimmern hat eine kostbare Bibliothek, einen Flügel und Blick auf den Zwinger. Für die Einrichtung verpfändet Wagner alle zukünftigen Einnahmen aus seinen beiden Opern. Das Kapellmeister-Gehalt reicht knapp für seinen Lebensstil. Obwohl Minna – sie ist Mitte Dreißig und gilt als Schönheit – dem Glück nicht traut, bedeutet diese Zeit für sie den Höhepunkt ihrer Ehe. Sie ist die Frau Hofkapellmeister. Umso schrecklicher wird der tiefe Fall sein. Wagner beurteilt später diese einzige Festanstellung in seinem Leben als eine Qual, aus der er sich als Künstler retten musste. Ganz freiwillig geschieht das allerdings nicht.

Wagner ist viel auf Reisen, dirigiert in Berlin, Hamburg, Wien und treibt die Aufführungen seiner Werke voran. Aber seine Heimat, betont er immer, seien Minna und der gemeinsame Hausstand. Viele Sommermonate kuren sie in Marienbad und Groß-Graupa bei Pillnitz. Dort lernt Wagner 1846 den jungen Hans von Bülow kennen und zwei Jahre später in Dresden Jessie Laussot. Beide vergöttern ihn.

Seiner Frau schreibt Richard liebevolle, besorgte, alberne Briefe, findet viele zärtliche Worte und Kosenamen, nennt sie »mein bestes Weib«, »mein allerbestes Mienel«. Er »labert« mit ihr, wenn er allein im Bett ist, sehnt sich nach ihrer bodenständigen Küche, wenn er

Champagner trinkt, sorgt sich um ihre und seine Gesundheit und berichtet über seinen Stuhlgang, denn von solchen Dinge hänge oft, »wenn wir's ganz in der Nähe besehen, unser ganzes inneres und äußeres gutes Leben ab« (Brief vom 10. 12. 45). Die Kinderlosigkeit schmerzt ihn, aber er hat sich damit abgefunden, dass Minna keine Kinder gebären kann. »Kinder habe ich nun nicht und werde wohl auch keines bekommen; weiß Gott, wenn ich mir die Besorgnis und Angst um Minna vorstelle, in der ich jedenfalls bei solch einer Hoffnung leben würde, erscheint mir auch das Glück gar nicht so wünschenswert« (Brief an Cäcilie, 28. 7. 44).

1848 begeistert sich Wagner für die revolutionären Ideen des Vormärz. Seine politischen Ziele jedoch bleiben schwungvoll-diffus. Konkreter sind seine Pläne, die Hoftheater in Dresden und Wien zu reformieren. Er scheitert damit und stürzt sich zum Entsetzen seiner Frau umso heftiger in den Dresdner Mai-Aufstand 1849. Wagners Mitwirkung an diesem Aufstand hat gravierende Folgen für sein Leben, seine Ehe und seine Kunst. Er wird steckbrieflich gesucht und flieht in die Schweiz. Elf Jahre lebt er in Zürich, Paris, Oberitalien, Luzern. Erst 1860 darf er – mit Ausnahme Sachsens – wieder Deutschland betreten; zwei Jahre später amnestiert ihn auch Sachsen.

Künstlerisch sind diese Jahre fruchtbar. Wagner schreibt seine theoretische Hauptschrift *Oper und Drama* und viele Abhandlungen, beginnt den *Ring* und komponiert *Tristan und Isolde.* Für Minna aber sind die Jahre furchtbar. Im Mai 1849 bleibt sie geächtet als Frau eines »wegen gemeiner Verbrechen« steckbrieflich Gesuchten ohne Lebensmut und in großen Existenzsorgen in Dresden zurück. Sie wird ihrem Mann nie verzeihen, dass sie die soziale Stellung als Frau Hofkapellmeister verloren hat. Liszt und andere Freunde unterstützen sie. Sie schämt sich, von der Güte und vom Mitleid der Freunde zu leben, wehrt sich gegen Richards Vorwurf, nur an Materielles zu denken. Wehmütig erinnert sie sich an den Palmsonntag 1846, als ihr Mann Beethovens IX. Sinfonie im Gewandhaus in Leipzig dirigierte, da sei er ihr wie ein Gott erschienen, der alle mächtigen Elemente regierte und die Menschen bezauberte. Jetzt ahnt sie schwere Zeiten an der Seite dieses Gottes, aber sie folgt ihm Anfang September ins Exil, bringt Noten und Papiere, Matratzen und Gardinen, den Hund Peps und den Papagei Papo sowie ihre Tochter Natalie mit.

Die finanzielle Situation ist katastrophal. Wieder entwickelt Wagner viel Phantasie und Energie, Geld zu sammeln, Freunde anzupumpen. Aber er sorgt auch für Minna, Natalie und Minnas Eltern. Im Dezember schreibt er seiner Schwester Klara Wolfram über seine Ehe: »Daß sie (Minna) mit mir, meinen Absichten und Vorhaben nicht vollkommen einverstanden ist, liegt sowohl in der Natur der Sache als in den verschiedenartigen Naturen von uns beiden … In meinem Wesen liegt nun aber ein so starker und unbeugsamer Trieb, daß ich wahrhaft unglücklich nur dann sein würde, wenn ich ihn um äußerer Rücksichten willen gänzlich von seiner Natur ablenken müßte: Heiter bin ich dagegen, wenn ich ihn befriedigen kann, sei es auch unter mannigfachsten Entbehrungen und Verfolgungen. Das einzige, was hierbei mich betrüben kann, ist eben nur die Sorge um meine Frau, ohne die ich nicht leben möchte.« Das ändert sich wenig später.

Anfang 1850 reist Wagner allein nach Paris. Er hofft, wieder vergeblich, auf Aufträge. Einen Monat später teilt er Minna mit, dass er einer Einladung nach Bordeaux folgen werde.

Sie ist jung, reich, musikalisch und schwärmerisch – alles, was Minna nicht bieten kann. Jessie Laussot, 1829 in London geboren, verheiratet mit dem Weinhändler Eugène Laussot in Bordeaux, besucht Wagner im April 1848 in Dresden, um ihm, wie er in *Mein Leben* schreibt, mit größter Schüchternheit ihre Verehrung auszudrücken. Sie kommt in Begleitung des jungen Karl Ritter, dessen Mutter Julie Ritter mit Jessies Mutter Ann Taylor befreundet ist. Jessie spielt sehr gut Klavier, liebt Literatur, beherrscht mehrere Sprachen, auch Deutsch. Ihr Vater, der angesehene Anwalt Edgar Taylor, hat ihr ein großes Vermögen hinterlassen.

Ins Zürcher Exil schickt Julie Ritter Geld, Jessie schreibt besorgte Briefe. Gemeinsam wollen beide Frauen Wagner eine Jahresrente aussetzen, damit sein Talent nicht unter dem Broterwerb leide. Das schmeichelt ihm, zumal er in Minnas Augen nur ein elender Schriftsteller und Dirigent von Winkelkonzerten ist. Stolz schreibt er seiner Frau, dass ihn die Freunde so unterstützen wollen, dass er seiner Kunst treu bleiben und mit ihr in Zürich eine angenehme Wohnung einrichten könne. Die Freundin, die das alles ermöglichen werde, sei auch »die Deinige nicht minder«. Doch am 16. April teilt er seiner Frau mit, dass er sich von ihr trennen müsse. Was ist in Bordeaux geschehen?

Eugène Laussot ist zunächst weniger misstrauisch als Minna. Er ist ein beschäftigter Mann, aber ein guter Gastgeber. Wagner merkt schnell, dass er sich für Musik und Literatur nicht interessiert, seiner Frau intellektuell unterlegen ist. Die große Bibliothek, die Jessie von ihrem Vater geerbt hat, ist ihr Reich wie auch das Klavier. Sie verblüfft Wagner mit Beethovens Hammerklaviersonate in B-Dur, die als äußerst schwierig, ja unspielbar gilt. Wagner liest ihr *Siegfrieds Tod* und *Wieland der Schmied* vor; sie begreift alles sofort und gesteht ihm, dass sie sich mit der Schwanenbraut, der Retterin Wielands, identifizieren könne. Jessies Mutter sitzt oft dabei und versteht nichts, sie ist schwerhörig. Für sie und ihren Schwiegersohn, die beide nur das Geschäft und die Vermögensverwaltung im Kopf haben, ist Wagner, wie er später Minna die Situation zu erklären versucht, nur ein überspannter Künstler. Zwischen Wagner und Jessie wächst die Vertrautheit, sie sind längst zum Du übergegangen und gestehen sich, wie unglücklich und unverstanden sie in ihren Ehen leben. Gleichzeitig beschwört Wagner seine Frau: »Glaub mir, ich kenne nun kein Glück, als mit Dir in unserer kleinen Häuslichkeit ruhig und zufrieden leben zu können … vergiß die Leiden und freue Dich der Liebe, die wir genießen« (Brief vom 17. 3. 50). Von diesem häuslichen Glück ist in Bordeaux natürlich keine Rede. Wagner will ausbrechen aus allen bürgerlichen Zwängen, sich in einem fernen Land ins Vergessen und Vergessensein werfen. Jessie ist fasziniert. Richard schenkt ihr eine *Lohengrin*-Skizze.

Anfang April reist Wagner nach Paris zurück. Jessie tröstet Minna mit den Worten, sie sei eine viel geprüfte, treue Frau, die man gücklich machen wolle. Minna notiert dazu: »O falsches, verräterisches Geschöpf.« Sie hat keine Beweise für die Untreue ihres Mannes, aber sie hat einen sicheren Instinkt. Wagner scheint entschlossen zu sein, mit Minna zu brechen. Mitte April schreibt er ihr zwei lange Abschiedsbriefe. Er will ihr beweisen, dass sie grundverschieden sind und Trennung der einzige Weg ist, damit Minna wieder glücklich werden könne. Er habe sie vor vierzehn Jahren zur Ehe gedrängt, weil er sie bedingungslos liebte, während sie nur Pflichtgefühle empfunden habe. Körperliche Zuwendung habe sie ihm zuteilwerden lassen, aber keine geistige, sein Tun mit nichts als Vorwürfen begleitet. Sie habe ihn nie verstanden, ihn nie um seiner selbst willen geliebt. Als er aus Dresden fliehen musste, habe sie sich geschämt, sei lieb- und herzlos gewesen und sei nach Zürich nicht zu *ihm* gekommen, sondern zu dem Komponisten einer neuen Oper. Zu diesem Geschäft habe sie ihn nach Paris gedrängt, habe ihm zweimal mit Trennung gedroht, wenn er nicht ordentlich Geld verdiene. »Selber schuld« schreibt er nicht, schließt aber mit heuchlerischem Altruismus: »Was kann nun meine Liebe sein? Nur der Wunsch, Dich für Deine mit mir nutzlos verlebte Jugend, für Deine mit mir überstandenen Drangsale zu belohnen, Dich glücklich zu machen. Kann ich das nur noch hoffen zu erreichen durch mein Zusammenleben mit Dir? Unmöglich!« Die Trennungsabsicht teilt er Jessie sofort mit. Das »Unmöglich« gilt keine drei Monate.

Minna ist wütend, erbittet von ihrem Mann das »Sie« zurück. Sie habe alles aus Liebe getan, ihn, einen unbekannten, armen Musikdirektor, geheiratet, ihre Selbständigkeit aufgegeben. Böse Auftritte habe es nur in den letzten zwei Jahren gegeben, nachdem er sich der unglückseligen Politik zugewandt habe. Und das Pflichtgefühl, das er ihr vorwerfe, entstehe bei einer Frau vor allem aus Liebe.

Richard will sich nicht scheiden lassen und will ihr die Hälfte seiner Einkünfte überlassen. Jessie teilt er mit, dass er von Marseille aus mit dem Schiff nach Griechenland und Kleinasien ins Vergessen fahren wolle und bittet um Reisegeld. Sie antwortet in glühender und verzweifelter Leidenschaft, dass sie mit ihm gehen werde. Das schmeichelt Wagner natürlich, gefährdet aber auch die Finanzierung seines geplanten Ausstiegs. Inzwischen eilen die Gerüchte zwischen Bordeaux, Zürich und Dresden hin und her. Der beabsichtigte Ehebruch ist offenkundig. Minna schickt Briefe ihres Mannes an Jessies Mutter, um ihn, so sieht er es, zu verleumden. Man könnte auch sagen: um sie aufzuklären. Das bewirkt, dass Jessie Wagner kurz vor seiner Reise nach Marseille mitteilt, sie habe ihre Mutter über die Fluchtpläne informiert und ihr Gatte drohe, ihn im Duell zu erschießen. Doch am schlimmsten trifft Wagner die Nachricht, dass sie ihm nicht folgen werde. Er reist, ohne seine mutlose Geliebte zu informieren, nach Bordeaux, um sich mit

Eugène zu duellieren und möglicherweise Jessie zu entführen. Aber der in Wagners Augen ebenso rachsüchtige wie feige Nebenbuhler ist mit Frau und Schwiegermutter, mit der er früher sogar ein Verhältnis gehabt haben soll, heimlich abgereist. Der virtuelle Schuss geht ins Leere. Die Romanze mit lyrischen und dramatischen Einlagen ist fast zu Ende. Freunde versichern Minna, ihr Mann sei vielleicht berauscht, aber nicht wirklich glücklich gewesen.

Mitte Juni erfährt Wagner, dass Jessie seine Briefe ungelesen ins Feuer wirft. Aus Thun, wohin er sich verkrochen hat, schreibt er Julie Ritter einen weitschweifig um seine Hoffnungen und Enttäuschungen kreisenden Brief. Er habe, um Minna mit dem Jubel seiner Liebe nicht zu kränken, mit Jessie in eine ferne Welt ziehen und Minna eine Scheidung erst nach einer langen Trennung zumuten wollen. Jessies unsäglicher Liebreiz habe darin bestanden, dass sie ihn so klar und schnell verstanden habe, sie mit Ehe, Familie, Anstand, mit der Welt brechen wollte, um seine Wunden zu heilen. »Nur wer sich aus Liebe empört und ginge er bei dieser Empörung zugrunde, der ist mein.« Doch dann habe Jessie den Verleumdungen ihrer Mutter geglaubt, die ihn als gemeinen Verführer dargestellt hätten. In Wahrheit aber habe Jessie ihn verführt oder, wie er es nennt, ihm »aus freien Stücken ... die Erlösung angeboten«. Sie sei schwach und feige geworden, habe die revolutionäre Kraft verloren, mit allem zu brechen. »Dem Gott der Liebe weihten wir uns«, aber dann habe sie das Glück im bürgerlichen Anstand erkannt. So habe sich »das Weib, das mir Erlösung bringen wollte, als Kind bewährt«. Er beklage sie, aber dieser Liebe werde er sich nie schämen.

Dieses »Testament einer Liebe« ist das Dokument einer großen Illusion und Enttäuschung. Endlich will eine Frau seinetwegen mit allem brechen. Endlich will ein Weib den Mann nicht nur in der Oper, sondern auch im Leben erlösen. Aber Jessie ist nur eine verhinderte Empörerin, handelt schließlich doch bürgerlich-angepasst.

Nun gilt es, eheliches Porzellan zu kitten. Ende Juni kündigt Richard seine Rückkehr an: er glaube, Minna leide unter der Trennung, und ihre Liebe zu ihm sei größer als ihr Irrtum über sein Verhalten. In diesem sehr langen Brief findet Wagner kein Wort der Entschuldigung, des Bedauerns. Gewiss, er habe sie belogen, aber nur um sie zu schonen. Sie selbst habe ihn in Zürich zwei Mal verlassen wollen, so dass er sich an den Gedanken einer Trennung gewöhnt habe. »Die junge Frau« in Bordeaux habe ihn verstanden, und er habe Mitleid für ihre eheliche Situation empfunden. Dann sei die Situation mit Drohungen und Verdächtigungen des Mannes und der Mutter, die er beide verachte, eskaliert; dabei hätten sie ruhig abwarten können, denn nie hätte er sich von seiner Frau scheiden lassen, nie eine andere geheiratet. »Somit war die Sache von selbst aus!« Und damit kein Zweifel aufkommt, wer die ganze Affäre verschuldet hat, resümiert er: Minna solle sich Mühe geben, solches Unglück in der Zukunft von ihnen beiden fern zu halten. Minna hat diesen Brief mit Ausdrücken wie »Lügen«, »Ausreden«, »schändlich« und mit der Nachschrift kommentiert: »Nicht diesem Brief, der viele unwahre Beschuldigungen enthält, nur meiner allzu großen Liebe, die mich das Vorgefallene vergessen und verzeihen läßt, danke ich die Wiedervereinigung.« Am 3. Juli kehrt Richard zu seiner Ehefrau nach Zürich zurück. Julie Ritter meldet er: »es ist alles überwunden... nun ruhe ich mich aus.«

Jessie Laussot wird auch ohne Wagner ein interessantes Leben führen. Kurz nach dieser Affäre lernt sie den gleichaltrigen Karl Hillebrand kennen, der nach seiner Flucht aus Baden – er hat wie Wagner an der Revolution 1848/49 teilgenommen – in Bordeaux studiert. Mitte der 50er Jahre trennt sie sich von ihrem Ehemann, versorgt ihre kranke Mutter in London, lebt bei Julie Ritter in Dresden und besucht Hans von Bülow in Berlin. Bülow hatte ihr sein Liederheft op. 8 gewidmet und beschreibt sie seinem Freund Karl Klindworth als eine sehr liebenswürdige, geistreiche und musikalisch gebildete Frau, die famos Partituren vom Blatt lesen könne und keinerlei künstlerische oder sonstige Vorurteile habe. Für Wagner habe sie außerordentlich geschwärmt – »eine Schwärmerei, die übrigens gegenseitig war und durch den widerhaarigen Kontrapunkt mißgünstiger Verhältnisse allein einem plötzlichen Risse entgegen geführt ward« (Brief vom 10. 10. 58). Am gleichen Tag berichtet er auch Wagner. »Sie sieht wohl aus, ist gescheit und geistvoll wie immer – leider hat ihr Embonpoint etwas zugenommen und auch ihre Schwerhörigkeit.« Mit Bülow wird Jessie Laussot lebenslang freundschaftlich verbunden bleiben. 1859/60 zieht sie nach Florenz, gründet und leitet dort die Cherubini-Gesellschaft, verkehrt mit vielen großen Künstlern und fördert junge Talente. Franz Liszt widmet ihr mehrere sakrale Werke. Sie schreibt ein musiktheoretisches Werk und übersetzt Schopenhauer ins Englische. 1868 trifft sie Wagner bei der Uraufführung der *Meistersinger*, korrespondiert mit ihm und erlebt, da Bülow 1869/70 zu ihr nach Florenz flüchtet, hautnah die Scheidung der Bülow'schen Ehe mit. Karl Hillebrand, der sich als Historiker und Essayist internationales Ansehen erwirbt, folgt ihr nach Florenz. Ihr Palazzo wird zu einem glanzvollen gesellschaftlichen Mittelpunkt. Dort machen Cosima und Richard im Dezember 1876 mehrere Besuche. Cosima findet Prof. Hillebrand sehr angenehm, Jessie kommentiert sie nicht. Aber der Umgang scheint freundschaftlich zu sein. Nach dem Tod ihres ersten Ehemanns heiratet Jessie 1879 Karl Hillebrand. Sie stirbt 1905 im Alter von sechsundsiebzig Jahren.

Über ihre Beziehung zu Wagner schweigt sie beharrlich und lehnt alle Auskünfte ab. Erst die Veröffentlichung von Wagners Autobiographie 1911 lüftet ein wenig den Schleier über dieser Liebesgeschichte. Dort und in den Tagebüchern Cosimas wird die Beziehung als nicht ernsthaft bezeichnet. Cosima sorgt für die Geschichtsschreibung, nicht für Geschichten. Die Zensur im nächsten Fall wird noch viel schärfer sein.

Bedauert und getröstet von wohlmeinenden Freunden, erträgt Minna diese kurze, heftige Affäre allein in Zürich. Doch es kommt schlimmer für sie. Die nächsten acht Jahre verbringt sie mit ihrem Mann in wechselnden Wohnungen. Sie haben viele Gäste, leben nicht schlecht von der Hand in den Mund. Julie Ritter schenkt Wagner eine Jahresrente von achthundert Talern, und Otto Wesendonck – von ihm und seiner Frau wird bald die Rede sein – unterstützt ihn großzügig. Sie könnten ein schönes Leben führen, meint Richard, wenn sie sich nicht gegenseitig quälten: »Ihr närrischen Frauen, begreift Ihr denn nicht, daß Euer größter Stolz darin bestehen muß, wenn Euer Mann aus der vollsten Ungebundenheit und Freiheit endlich doch immer sich Euch wieder zuwendet. Ja, wenn Ihr wüßtet, was wirkliche Treue der Liebe wäre, d. h. wirkliche Dauer« (Brief an Minna, 26. 7. 53). Doch Minna hat ein anderes Verständnis von Treue und Liebe, spart nicht mit Vorwürfen und Argwohn und klagt einer Freundin, dass es ihr Mann unter seiner Würde fände, Geld zu verdienen, und es vorziehe, von Almosen und geborgtem Geld zu leben, so dass sie sich ihre Augen wund weine, während ihr Mann in Zürich Hof halte.

Im Mai 1853 dirigiert Wagner in drei Konzerten Teile aus seinen Opern. Das Publikum ist begeistert. Dieses Fest legt er, wie er geheimnisvoll Liszt schreibt, einer schönen Frau zu Füßen – deren Mann, kann man hinzufügen, das Ganze finanziert hat.

Mehrfach kommt Liszt zu Besuch. Auf dem Rütli trinken sie Brüderschaft. Wie kein anderer hat Liszt früh an Wagner geglaubt, ihn materiell, gesellschaftlich, musikalisch unterstützt. Wagner hat ihn nicht immer geliebt, ihn als Komponist verspottet und musikalisch manches von ihm kopiert; doch er weiß, dass er ihm vieles verdankt. Welche Rolle Liszts Tochter Cosima in seinem Leben spielen wird, ahnt er nicht. Die junge Dame von knapp sechzehn Jahren sieht er erstmals im Oktober 1853 in Paris. Cosimas Geschichte wird später erzählt.

Die Wohnungen in Zürich sind zwar mit kostspieligen Möbeln, Teppichen, Vorhängen und Kronleuchtern dekoriert – diesen Luxus leistet sich Wagner, der als Hobbyrevolutionär das private Kapital abschaffen wollte, immer wieder –, aber die Ehe-Fassade bröckelt. Richard und Minna streiten oft, woran er, wie er eingesteht, mehr Schuld hat als sie. Viele Monate lang geht sich das Ehepaar aus dem Weg. Minna reist oft nach Deutschland, Wagner genießt lange Alpenwanderungen mit Freunden. Das sind keineswegs Spaziergänge, sondern schwierige, anspruchsvolle Passübergänge, Gipfel- und Gletschertouren. »Halsbrecherpartien«, so nennt er sie, bekommen ihm vortrefflich. 1852/53 reist er allein durch Oberitalien. In monatelangen Kaltwasser- und Diätkuren in der Schweiz sucht er Heilung seiner heftigen Gesichtsrose. Diät, Bäder, Ruhe, kein Kaffee, kein Bier. In der Wasserheilanstalt von Dr. Vaillant in Mornex bei Genf wird er 1856 endlich von diesem Übel geheilt. Dort träumt er, Minna werde ihn verlassen.

1855 lebt Wagner vier Monate allein in London, um mit Konzerten Geld zu verdienen. Die Presse ist missgünstig, und sein Lebensstil frisst alle Einnahmen auf. Nur im letzten Konzert triumphiert er. Der in Deutschland noch immer steckbrieflich Gesuchte dirigiert für Königin Victoria *God save the Queen* und danach seine *Tannhäuser*-Ouvertüre. Stolz schreibt er seiner Frau, dass ihn dieses Ereignis hauptsächlich ihretwegen gefreut habe: »Bist Du für mich nach Ehre begierig, so ist mir diese diesmal in vollem Maße zuteil geworden.« Bald werde er ihr das Leben einer vornehmen Frau bieten können. Samt, Seide und Atlas hatte er ihr schon früher versprochen und ihr einen seidenen Schlafrock geschenkt, in dem sich, wie Minna stolz einer Freundin schreibt, eine Königin nicht schämen müsste. Immer neigt Wagner dazu, großzügig und großspurig zu leben, fast immer auf Pump. Während ihn Schuldscheine aus Riga, Paris, Dresden verfolgen, tätigt er immer neue luxuriöse Anschaffungen. Er führt das Leben eines Hochstaplers, der seinerseits ausgebeutet wird. Die Aufführungen seiner Opern, die inzwischen erfolgreich an vielen großen Häusern gespielt werden, sind verpfändet, pauschal abgegolten oder werden gar nicht honoriert. Das moderne, von Richard Strauss durchgesetzte Urheberrecht kommt für Wagner zu spät.

In Zürich leidet Minna unter Schlaflosigkeit, Nervenanspannung, schwachem Herz, Rheuma. Sie nimmt Opiate. Ihre innere Unruhe wächst. Richard schreibt ihr liebevolle, besorgte Briefe, sie soll sich schonen, faulenzen, sich nach Herzenslust pflegen, reisen, kuren. Immer wieder beteuert er, die Huldigungen der Frauen gälten nicht seiner Person, sondern nur ihm als Künstler. Minna glaubt ihm nicht – und sie hat gute Gründe.

MATHILDE WESENDONCK – MINNE UND MUSE

Im Februar 1852 lernen sich die Ehepaare Wagner und Wesendonck in Zürich kennen. Otto Wesendonck wird, König Ludwig II. ausgenommen, Wagners größter Mäzen, Mathilde wird wie keine andere Frau seine Minne und Muse. Sie ist vierundzwanzig, wie Jessie Laussot fünfzehn Jahre jünger als Wagner. Es entwickelt sich ein Drama in drei Akten: Im ersten Akt führen zwei Ehepaare in der Öffentlichkeit eine intensive Freundschaft. Aber sie haben ein Geheimnis. Im zweiten Akt kommt es zum öffentlichen Skandal. Der dritte Akt handelt von Trennung und Verdrängen.

Otto Wesendonck, geboren am 16. März 1815, entstammt einer alten Kaufmannsfamilie vom Niederrhein. Durch den Handel mit

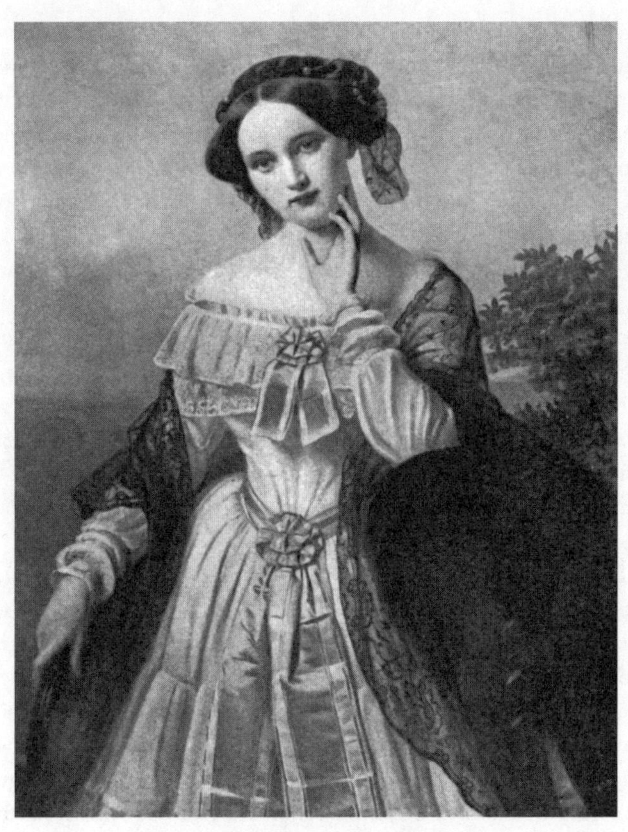

MATHILDE WESENDONCK
Gemälde von Karl Ferdinand Sohn, um 1850

Seide wird er reich. Mit achtzehn geht er nach Amerika, später arbeitet er in Düsseldorf. Seine erste Frau stirbt kurz nach der Hochzeit. 1848 heiratet er Mathilde Luckemeyer und hat mit ihr fünf Kinder. Drei Jahre später zieht er mit seiner Familie nach Zürich, dem Zentrum des europäischen Seidenhandels. Sie wohnen zunächst im Hotel Baur au Lac und bauen 1857 in der Vorstadt Enge eine herrschaftliche Villa auf dem Grünen Hügel.

Auch Mathilde entstammt einer wohlhabenen Kaufmannsfamilie. Sie wird am 23. Dezember 1828 in Elberfeld geboren und entwickelt früh musikalische und vor allem schriftstellerische Neigungen und Fähigkeiten. Als die Ehepaare Wagner und Wesendonck sich 1852 kennen lernen, hat Mathilde ihren ersten Sohn Paul verloren, ihre Tochter Myrrha ist sechs Monate alt. Guido wird 1855, Karl 1857 und Hans 1862 geboren. Vier Kinder beerdigen die Eltern, nur Karl überlebt sie. Diese Tragödie überschattet den Glanz des Paares.

Die Affäre mit Jessie Laussot, es sind kaum zwei Jahre vergangen, scheint sich zu wiederholen. Auch Mathilde ist jung, hübsch, reich und gebildet. Die Begeisterung, ja Schwärmerei für Wagner geht von ihr aus. Zunächst fasziniert sie das Schicksal des Künstlers, dann seine Musik. In ihren Erinnerungen schreibt sie von einer Offenbarung, einem Taumel des Glücks, als sie im März 1852 die von Wagner dirigierte *Tannhäuser*-Ouvertüre hört. Aber auch Wagner ist sofort entflammt, berichtet schon im Februar seinem Freund Theodor Uhlig von der neuen Bekanntschaft: »Ihrem männlichen Teil nach sind sie mir sehr gleichgültig, weniger dem weiblichen nach. Ein reicher junger Kaufmann, Wesendonck ... hat sich seit einiger Zeit hier niedergelassen und zwar mit großem Luxus. Seine Frau ist sehr hübsch und scheint aus dem Vorwort der 3 Operndichtungen (*Eine Mitteilung an meine Freunde*, 1851) Schwärmerei für mich gefaßt zu haben.« Voreilig fügt er hinzu: Einen Skandal aber werde es nicht wieder geben. Wenig später schreibt er seinem

Freund schon wie ein Verliebter: »Es ist immer wieder das ewig Weibliche, was mich mit süßen Täuschungen und warmen Schauern der Lebenslust erfüllt. Ein feuchtglänzendes Frauenauge durchdringt mich oft wieder mit neuen Hoffnungen.« Dieses Frauenauge habe sofort erkannt, dass seine Musik nur aus dem Geist der Liebe zu erfassen sei. Ihr zuliebe, so könnte man unterstellen, dirigiert er den *Holländer:* damit die Botschaft, dass nur das Weib den Ruhelosen erlösen kann, zu ihr dringe.

Die Wesendoncks logieren im feinen Hotel Baur au Lac, sind aber auch viel auf Reisen. Mathilde schreibt freundliche Briefe an Minna, Richard sehnt sich nach seiner Ehefrau, wenn er unterwegs ist, nennt sie »Carissima« oder »O mein liebes Mienel«, schreibt ihr Jubel- und Jammerbriefe und korrespondiert ausführlich mit Otto Wesendonck über seine Pläne und seine Geldnöte. Der Briefwechsel zwischen Wagner und Mathilde dagegen ist bis 1858 knapp und frei von Emotionen. In Zürich sehen sich die Ehepaare häufig, laden sich wechselseitig ein. Otto Wesendonck ist, anders als Eugène Laussot, ein gebildeter und großherziger Mann. 1857 bittet er Wagner, seine »Freundschaftsdienste«, das heißt seine vielen Darlehen und Geschenke, über die er nicht Buch geführt habe, zu vergessen: »Was ich tat, tat ich rein aus Liebe und Interesse für Sie«. Das ist nobel, denn in diesen fünf Jahren entwickelt sich die Schwärmerei zwischen Mathilde und Richard zu einer Liebesgeschichte. Wagner nennt Mathilde ein weißes Blatt, das er beschreiben wolle. Und er beschreibt sie mit seinen Gedanken, Plänen, mit Beethoven, Cervantes und dem neu entdeckten Schopenhauer; sie empfehlen sich Bücher, er liest ihr vor und lässt sie teilhaben am Allerheiligsten: seinem Kompositionsprozess. Sie schlafen getrennt in ihren Ehebetten, aber das geistige Leben führen sie symbiotisch. Richard beschwichtigt Minna immer wieder mit den Erklärungen, die ihm schon in der Laussot-Affäre helfen sollten: Die Zuneigung gelte nur dem Künstler, nicht ihrem Mann; im Übrigen sollten Frauen Geduld und Vertrauen haben, wie Ehemänner dies auch hätten. Dann scherzt oder klagt er von alltäglichen Dingen. Otto Wesendonck duldet zunächst wohlwollend, dann nachsichtig und schließlich mit großer Selbstverleugnung die Begeisterung und den immer intimer werdenden Umgang seiner Frau mit Wagner. Aber auch seine Geduld wird ein Ende haben.

Die Konzerte im Mai 1853 beflügeln Wagner. Er beschwört Liszt, nicht zu spät zu kommen, damit »Dich eine hohe liebe Frau hier noch kennen lernt«. Dieser hohen lieben Frau legt er die Konzerte, die ihr Ehemann finanziert hat, zu Füßen. Im Juni komponiert er die *Sonate für Mathilde Wesendonck*. Diese Sonate schickt er, mit der Bitte, sie weiterzugeben, an Otto Wesendonck, dem er erneut einen Vorschuss verdankt, und betont, dass es die erste Komposition seit *Lohengrin* sei. Mathilde bedankt sich bei Minna für diese Sonate, die sie in Bad Ems eifrig übe. Das Motto aber »Wißt ihr wie das wird?« könne sie nicht vollständig ergründen. Mathilde kennt das schicksalhafte Raunen der Nornen im Vorspiel der *Götterdämmerung* und spürt möglicherweise, dass ihr Schicksal nicht vorhersehbar ist.

Im Sommer und Herbst wandert Wagner in den Alpen und bereist, von Otto Wesendonck finanziell unterstützt, Oberitalien. Minna erhält ausführliche Berichte, Mathilde nicht. Wagner bleibt diskret. Doch ohne Zweifel ist er mehr als verliebt. Als er im November 1853 die Komposition des *Rheingold* beginnt, schreibt er an Liszt: »Ich bin im Wunder! Eine neue Welt legt sich mir offen. Die große Szene im Rhein ist fertig... alles wallt und musiziert in mir. Das ist – oh, ich liebe.« Direkter sind die Liebeserklärungen, die er im Sommer 1854 in die Kompositionsskizze des ersten Aktes der *Walküre* schreibt und Mathilde schenkt: Gesegnet sei Mathilde – Ich liebe Dich grenzenlos – Liebst du mich, Mathilde? –, Sei mir gegrüßt, Mathilde – Wenn du nicht wärst Geliebte. Diese und viele andere Liebeserklärungen sind zwar verschlüsselt (z. B.

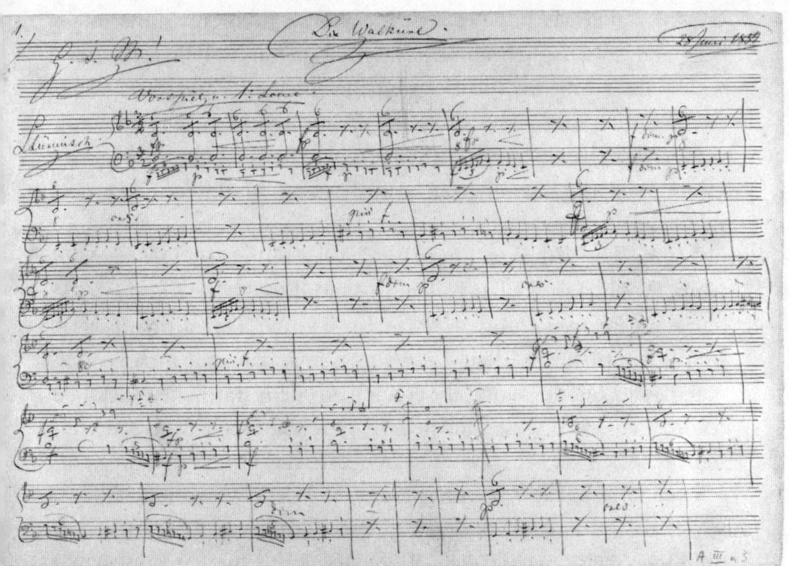

»Die Walküre«, Kompositionsskizze

G. s. M.), aber Mathilde versteht sie, wie sie in ihren Erinnerungen berichtet. Fast täglich kommt Wagner abends zwischen fünf und sechs Uhr zu ihr ins Hotel, spielt ihr auf dem Flügel vor, was er am Tag komponiert hat. Er ist ihr »Dämmermann«. Die Symbiose beider erreicht einen ersten Höhepunkt. Aber beide flüchten vor ihrem Schicksal, bemühen sich um Distanz. Mathilde wird erneut schwanger.

Minna besucht ihre Eltern und Verwandten in Deutschland. Neun Wochen ist Richard allein in Mathildes Nähe. Er arbeitet intensiv an *Rheingold* und *Walküre.* Im Februar 1855 dirigiert er für Mathilde Stücke aus dem *Tannhäuser*, reist dann für mehrere Monate nach London. Dort lebt er auch aus dem stattlichen Geldbeutel, den ihm Otto Wesendonck namens seiner Frau zum Geburtstag schickt. Allen versichert er, sein Lebensstil sei karg, keineswegs verschwenderisch. Im September bietet ihm Otto Wesendonck die Patenschaft seines neugeborenen Sohnes Guido an. Wagner zögert, möglicherweise behagt ihm die Rolle nicht, nur Patenonkel von Mathildes Sohn zu sein. Otto gibt sich keine Blöße, zieht seine freundschaftliche Bitte schnell zurück.

Im nächsten Jahr verstärkt sich Wagners Gesichtsrose. Liszt besorgt ihm Geld für eine Wasser- und Diätkur. Geheilt beginnt er mit frischem Elan im September 1856 *Siegfried* zu komponieren. In der Öffentlichkeit pflegen die Ehepaare Wagner und Wesendonck einen freundschaftlichen Umgang. Otto ist immer noch geduldig, nachsichtig, will um jeden Preis einen Skandal vermeiden. Doch bei Wagners sind häusliche Eifersuchtsszenen die Regel.

Der zweite Akt beginnt mit einer großzügigen Geste. Wesendoncks, die für sich im Zürcher Vorort Enge eine herrschaftliche Villa bauen, erwerben, um den Bau einer Nervenklinik von Ludwig Binswanger zu verhindern, das Nachbargrundstück mit einem schönen Fachwerkhaus und bieten es dem Ehepaar Wagner für eine kleine

Jahresmiete »auf Lebenszeit« an. Selig schreibt Wagner an Otto: »Liebster, ich habe so etwas eben noch nicht erlebt! ... Alles Schwanken hat ein Ende; ich weiß, wo ich nun hingehöre, wo ich weben und schaffen, wo Trost und Stärkung, Erholung und Labung finden soll.« Mathilde ihrerseits bekundet Minna ihre Freude über die neue unmittelbare Nachbarschaft: Minna könne ihre Gartenkünste entfalten, das einfache Haus hübsch einrichten, im Geiste habe sie schon die Zimmer verteilt. »O möge dieses Häuschen ein wahres Asyl des Friedens und der Freundschaft sein, eine heilige Stätte inmitten einer Welt voll Neid und Haß und Mißgunst, eine sichere Zuflucht vor allen Sorgen und Mühsalen dieser Erde!« Minna nennt das Ganze später ein Komplott Mathildes, die ihren Ehemann betrüge und Wagner verführe, ihn vom Wege der Ehre und Pflicht abbringe und an sich binden wolle. Das Haus hat zwei Stockwerke, unten wohnt Minna und oben, mit separatem Aufgang, Richard. Die aalglatte, kalte Schlange, so nennt Natalie Mathilde, habe dafür gesorgt, dass es nach zweiundzwanzig Ehejahren erstmals kein gemeinsames Schlafzimmer mehr gibt.

Während eines Besuchs von Mathilde – sie ist hochschwanger und wird kurz darauf ihren Sohn Karl zur Welt bringen – beendet Wagner Ende März 1857 die Partitur des ersten Akts *Siegfried*. Einen Monat später bezieht er das »Asyl auf dem grünen Hügel«. Er will in Ruhe schaffen und lebenslang bleiben. »Lebenslang« wird fünfzehneinhalb Monate dauern.

Auch Wesendoncks ziehen um. Im August ist ihre im Stil der Neorenaissance gebaute Villa mit Säulen, Balkonen, Terrassen fertig. Die weiten, vornehmen Räume sind mit Flügel, Gemäldesammlung, Bibliothek und Kunstschätzen prächtig ausgestattet. Ein privater Weg verbindet beide Häuser. Endlich sind sich Mathilde und Richard auch räumlich nah. Sie besuchen sich fast täglich, tauschen ihre Gedanken und Gefühle aus. Sie inspiriert ihn, er weiht sie stolz in jeden Schritt seiner musikalischen Arbeit ein. Es ist sicher keine gewöhnliche Bettgeschichte, aber ebenso sicher fehlt es nicht an Intimitäten. Wagner braucht Verführung und erotisches Ambiente. Er arbeitet am *Siegfried*, bricht im Juni die Komposition mitten im zweiten Akt ab. Das Verhältnis zu Mathilde treibt ihn zu einer Geschichte mit größerer Leidenschaft, die er seit einigen Jahren in sich trägt. Nach der Glut des ersten Akts der *Walküre* hat er im Herbst 1854 Schopenhauers Hauptwerk *Die Welt als Wille und Vorstellung* verschlungen und mit seiner Begeisterung auch Mathilde angesteckt. Als »ekstatischer Ausdruck« dieser Metaphysik drängte sich ihm, wie er in seiner Autobiographie schreibt, die Geschichte von Tristan und Isolde auf. Der Gedanke lässt ihn nicht los, er skizziert 1856 erste musikalische Themen; jetzt ist die Zeit für diesen Liebestraum reif. Er will der Liebe ein Denkmal setzen. Aber er gibt sich auch der Illusion hin, endlich eine Oper zu schaffen, die sich leicht aufführen lässt und Geld bringt. In knapp vier Wochen schreibt er den Text. Am 18. September 1857 ist er fertig. Ein Jahr später schreibt er in sein Tagebuch für Mathilde: »Du... umarmtest mich und sagtest: Nun habe ich keinen Wunsch mehr! – Zu dieser Stunde wurde ich neu geboren.« Im Oktober beginnt er die Komposition, Mathilde schickt ihm »hübsche Verse«, die er in Musik setzt, was er sonst nie tut: *Der Engel, Träume, Schmerzen, Stehe still* und *Im Treibhaus*. Schon die Titel dieser fünf Lieder für Sopran und Klavier weisen auf die Intimität und Spannung dieser Monate hin. In Venedig wird Wagner sie überarbeiten und in sein Tagebuch für Mathilde schreiben, dass er nie Besseres als diese Lieder gemacht habe. Doch später, das gehört zu den Wagner'schen Peinlichkeiten, distanziert er sich verlegen von ihnen, obwohl er *Träume* und *Im Treibhaus* als Studien zum *Tristan* bezeichnet. Die *Träume* instrumentiert er für Solovioline und kleines Orchester und gibt damit Mathilde am 23. Dezember ein Geburtstagsständchen in Abwesenheit des Hausherrn. Am Silvestertag schenkt er ihr die Kompositionsskizze des ersten Akts *Tristan* mit dem Widmungsgedicht:

»Hochbeglückt, / Schmerzentrückt, / frei und rein/ ewig Dein – / was sie sich klagten / und versagten, / Tristan und Isolde, / in keuscher Töne Golde, / ihr Weinen und ihr Küssen / leg' ich zu Deinen Füßen, / daß sie den Engel loben, / der mich so hoch erhoben.«

Diese beiden Ereignisse und die immer lauter werdenden Gerüchte über die fast täglichen Besuche Wagners bei Mathilde in Abwesenheit ihres Mannes lösen nun auch bei Wesendoncks eine Ehekrise aus. Wie angespannt die Situation ist, beleuchtet eine kleine Anekdote: Auf dem Balkon ihrer Villa unterhält sich das Ehepaar Wesendonck mit dem Nachbarn und Freund François Wille, der Otto rät, seiner Frau den Umgang mit Wagner zu verbieten, da die ganze Stadt schon darüber klatsche. Mathilde reagiert pathetisch: Wenn du das tust, Otto, springe ich vom Balkon. Ungerührt meint ihr Mann: Allez hopp, Madame.

Wagner zieht sich nach Paris zurück. Aber er hält es nicht lange aus, kehrt zurück und arbeitet wieder in ständiger Nähe zu Mathilde am *Tristan.* Am 3. April 1858 ist der erste Akt fertig. Kurz zuvor macht Wagner noch eine hilflos wirkende Versöhnungsgeste und dirigiert ein Beethoven-Potpourri als nachträgliches Geburtstagsständchen für Otto in dessen Villa. Mit vielen Gästen feiern die Paare die neu besiegelte Freundschaft. Der Schein ist wiederhergestellt. Doch am 7. April kommt es zum Skandal. Minna, die die täglichen Besuche der neunzehn Jahre jüngeren Mathilde mit wachsender Eifersucht beobachtet, aber zu stolz und zu ängstlich ist, die Zweisamkeit der beiden im ersten Stock ihres Hauses, ihr Musizieren, Lachen und vor allem ihr Schweigen zu stören, nimmt an diesem Apriltag einem Boten einen Brief ab, öffnet ihn und glaubt, dieser Brief beweise ihren Verdacht, dass beide auch miteinander schlafen. Wagners Brief beginnt mit kleinen Sticheleien gegen Mathildes Italienischlehrer Francesco De Sanctis und erläutert dann ausführlich seinen Standpunkt zu Goethe, Faust und Gretchen. Darüber hatte man am Vorabend diskutiert. Doch Minna liest, was sie glaubt, längst zu wissen: »Soeben aus dem Bett« und »Morgenbeichte« steht über dem Brief. Später: »Am Morgen ward ich nun wieder vernünftig und konnte recht herzinnig zu meinem Engel beten; und dies Gebet ist Liebe! Liebe!« Und nachdem Wagner seitenlang Goethe abgehandelt hat: »Was fasle ich da für dummes Zeug! Ist's die Lust, allein zu reden, oder die Freude, zu Dir zu reden? – Ja, zu Dir! Aber sehe ich Dein Auge, dann kann ich doch nicht mehr reden; dann wird doch Alles nichtig, was ich sagen könnte!« Es gibt leidenschaftlichere Äußerungen Wagners, aber vielleicht verletzt Minna gerade der sichere Ton dieses zwischen dem Italienischlehrer und Goethe versteckten Liebesbekenntnisses. Sie liest es als Beweis für den Ehebruch und macht ihrem Mann eine heftige Szene. Richard bleibt ruhig und erklärt es dreiundzwanzig Jahre später so: »Nichts macht sanft wie mit einem heftigen Menschen leben, z. B. mit Minna, ihre ewige Aufgeregtheit hatte mich ganz ruhig gemacht, und sie hat mir gesagt, daß nichts sie so außer sich gebracht als meine Ruhe bei der einen Scene in Zürich. Es war keine Leidenschaft im Spiel, das tiefste Innere war nicht berührt« (TCW 30. 11. 81). Diese Verharmlosung seiner Beziehung zu Mathilde ist peinlich und kleinlich. Minna lässt sich nicht täuschen. Richard versichert ihr, dass ihre Ehe nicht gefährdet sei, dass sie ihre Herzerkrankung – sie nimmt seit einiger Zeit Laudanum – auskurieren, kein Aufsehen erregen, jeder törichten Rache entsagen und sich klug, besonnen und edel benehmen soll. Und er verbietet ihr, zu Wesendoncks zu gehen. Aber sie geht und »verletzte die zarte Frau auf das gröblichste«, wie Wagner seine Sicht der Dinge seiner Schwester Klara Wolfram erklärt. Es kommt zu einem heftigen Streit zwischen den Frauen. Die »Morgenbeichte« aber behält Minna; eine Abschrift wird sie Mathilde zum Abschied geben. Mathilde versucht, ihrem Mann alles zu erklären, der nun seine Geduld nicht mehr als Stärke, sondern als Schwäche empfinden muss. Er unterbindet jeden Kontakt.

Aus der Sicht Minnas und ihrer verbitterten Tochter Natalie, die in den neunziger Jahren in vielen Briefen an die englische Sammlerin Mary Burrell vor allem Mathilde und Cosima verunglimpft, ist Mathilde nicht nur »ein giftiges Reptil«, sondern auch »ein pflichtvergessenes, kokettes, herzloses Geschöpf«, das Richard angestiftet habe, in der härtesten und schroffsten Weise Minna zu sagen: »Du, wir müssen uns trennen, Mathilde will es nicht mehr leiden, daß wir beisammen bleiben.« Wagner – der so von Mathilde Verführte und ihr Hörige – stellt die Beziehung als rein und edel dar. Nur Minna habe diese von »Hoheit und Uneigennützigkeit« bestimmte Beziehung in einen öden Ehestreit gezogen. Alles andere sei Geschwätz, so schreibt er seiner Schwester Klara.

Zunächst gehen sich die Paare aus dem Weg. Richard bringt seine Frau, die ernsthaft erkrankt ist, zur Kur nach Brestenberg am Hallwilersee. Sie bleibt dort drei Monate bis Mitte Juli. Er besucht sie dort mehrmals und schreibt ihr versöhnliche Briefe, unterzeichnet mit »Dein inniger Gatte«. Wie in der Laussot-Affäre bittet er sie um Geduld, um Vertrauen. Er entschuldigt sich nicht, stattdessen verzeiht er ihr großmütig, weil ihre Krankheit sie unzurechnungsfähig gemacht habe. Der einzige Vorwurf, den er sich mache und den ihm auch Otto Wesendonck mache, sei, dass er sie nicht, wie es »die andere Frau« ihrem Gatten gegenüber getan habe, über die »Reinheit dieser Beziehungen« aufgeklärt habe. Sonst hätte sie »die betreffende Frau« nicht so schwer beleidigt. Zukünftig werde er nicht mehr links noch rechts sehen, er habe den besten Willen, gut, dankbar, treu, anhänglich, liebevoll, besorgt zu ihr zu sein – und schickt am nächsten Tag Mathilde das Notenblatt: »Wo find' ich dich, du heil'ger Gral, dich sucht voll Sehnsucht mein Herze« (ursprünglich wollte Wagner Parzeval im dritten Akt *Tristan* auftreten lassen) und fügt hinzu: »Du liebes, irrendes Kind! Sieh, das wollte ich eben aufschreiben, als ich Deine schönen, edlen Verse fand.« Diese edlen Verse *Im Treibhaus* vertont er sofort als Studie zum *Tristan*.

Im Mai reisen Wesendoncks für vier Wochen nach Italien. Wagner schreibt die Kompositionsskizze des *Tristan* in knapp zwei Monaten. Er verspricht seiner Frau, die noch immer in Kur ist, sie nicht zu verstoßen und jeden persönlichen Umgang mit den Nachbarn aufzugeben; aber im hübschen Asyl möchte er bleiben, weil »diejenige, die Du haßt«, dies wünsche. Anfang Juni kehren Wesendoncks zurück, Otto führt ein ernsthaftes Gespräch mit Wagner, seinem Nachbarn, Mieter, Schuldner, treulosen Freund. Entgegen den Versicherungen, die Richard seiner Frau gibt, beginnt wieder ein persönlicher Umgang. Aber Wagner fühlt immer stärker, wie er wenige Wochen später an Mathilde schreibt, »daß nur eine vollständige Trennung oder eine vollständige Vereinigung unsre Liebe vor den schrecklichen Berührungen sichern konnte«. Gäste lenken ihn ab. Am 15. Juli kehrt Minna zurück. Die Wasserkur hat ihr nicht geholfen, sie hat Herzrasen, kann nicht schlafen, wird beim Treppensteigen atemlos. Aber sie ist dankbar für den Besuch, der einige Tage später kommt: Cosima und Hans von Bülow. Kein Jahr ist vergangen, seit die damals Frischvermählten auf ihrer Hochzeitsreise den ganzen September im »Asyl« gewohnt hatten, Hans ist verzaubert vom *Tristan*, Cosima fasziniert von dem Mann, den sie viele Jahre später heiraten wird. Schon damals schwärmt Wagner von dem jungen Paar, das mit so viel Verstand, Genialität und Schwung ausgestattet sei. Weitere Gäste kommen, Einladungen, Musikabende. Bei den Klavieraufführungen von *Rheingold* und *Walküre* singt Wagner alle Partien mit einer kolossalen Selbstvergessenheit. Doch die Gewitterschwüle, die über der Situation lastet, bleibt niemandem verborgen. »Als ich zurückkam«, schreibt Minna an ihre Freundin Mathilde Schiffner am 2. August, »wurde ich so heftig von meinem Mann bestürmt und bedroht, daß ich mit jener Frau wieder umgehen sollte. Ich gab auch nach, wollte diesen gewaltigen Sprung machen ... allein der Mann und endlich dieses Weib selbst wollen es nicht. Sie ist so, wurde mir von meinem Mann selbst zugeschrien, wütend, daß ich bleibe, nur R. allein soll hier hausen, was er aber nicht kann; so, liebe Freundin, stehen die Sachen, nicht ich bin schuld. R. hat zwei Herzen. Er ist umstrickt von der anderen Seite und hängt aus Gewohnheit an mir, das ist alles.«

Die Situation wird immer unerträglicher. Das Ehepaar Bülow reist ab, ein Tag später, vier Wochen nach Minnas Rückkehr, verlässt Wagner am 17. August das »Asyl« für immer. An Mathilde schreibt er »It must be so!« und »Du liebe Seele meiner Seele! Lebe wohl – auf Wiedersehen.« In der Erinnerung bleiben: Schwüle, Sommersonne, Rosenduft – »so entwarf ich die Musik zum 2. Akt«. Noch knapp drei Jahre später ist Wagner überzeugt: »Als ich jenes Asyl verließ, war mein Stern dem Untergang geweiht; ich kann nur noch fallen« (Brief an Mathilde, 6.4.61).

Viel später sieht Cosima diese Ereignisse so: »Mir scheint es, als ob das Jahr 1858 der eigentliche Wendepunkt für R.s Schicksal gewesen ist, und daß, wenn sich Frau Wesendonck damals gut benommen hätte, ihm alle Wirrsale bis zu der Erscheinung des Königs erspart worden wären. Dann wäre meine Beteiligung an seinem Leben auch überflüssig gewesen – wenn wir uns gewiß auch immer innig lieb gewonnen hätten« (TCW 2.2.69). »Gut benommen« bedeutet für Cosima, mit allem zu brechen, um mit Richard zu leben.

Minna reist am 2. September ab. An Mathilde schreibt sie einen bitteren Brief: »Mit blutendem Herzen muß ich Ihnen vor meiner Abreise noch sagen, daß es Ihnen gelungen ist, meinen Mann nach beinahe 22jähriger Ehe von mir zu trennen. Möge diese edle Tat zu Ihrer Beruhigung, zu Ihrem Glück beitragen. Es tut mir leid, daß sie mich durch sehr gehässige Äußerung über mich zwingen, Ihnen eine wörtliche Abschrift jenes verhängnisvollen Briefes... vorzulegen.« Sie habe vergeblich versucht, in Freundschaft die Sache zu besprechen und einen Mantel des Vergessens über das abscheuliche Gerede zu legen. Ihre noble Absicht aber habe Frau Wesendonck zurückgewiesen. So bleibe nur die Trennung, die auch ein Glück sei, denn Wagner werde endlich wieder zum Arbeiten kommen. Mit *Tristan* wird sich Minna nie anfreunden – da sie »die Veranlassung« kenne. Der Text sei abscheulich, fast unanständig liebesglühend, schreibt sie an Johann Jakob Sulzer (15. 12. 58). Sie hat alles und nichts verstanden.

Der lange dritte Akt geht über den Tod der Protagonisten hinaus und hat pathetische, traurige, verlogene Züge. Nach der Trennung schreibt Wagner für Mathilde ein Tagebuch voller Wehmut und dann bis Ende 1861 Briefe, die zu den schönsten gehören, die er ihr geschickt hat. Er ist Wotan, der seinem Kind Brünnhilde alles zuraunt, ihr ausführlich über *Tristan*, *Parsifal*, *Meistersinger* berichtet. Seine Hoffnungen aber, die noch immer ihr gelten, deutet er nur an. Über seine Ehe kein Wort.

Mathilde, die Wagner angehimmelt, ihn mit ihrer Begeisterung inspiriert und verführt hat, verlässt ihren Mann und ihre Kinder nicht. Sie ist keine Anna Karenina. Mit Minna aber, die in seinen Augen diese reine Beziehung zum öffentlichen Skandal gemacht und damit die Trennung verursacht hat, kann und will Wagner nicht mehr zusammenleben. So reist er allein über Genf und Mailand nach Venedig, bleibt dort fast sieben Monate und komponiert den zweiten Akt *Tristan*. Das Leben im herbstlich-winterlichen Venedig gefällt Wagner. Seine Einsamkeit genießt er und beklagt sie zugleich. Er wohnt allein im Palazzo Giustiniani direkt am Canal Grande: hohe Räume mit Deckengemälde und Mosaikböden; den Salon lässt er rot, das Schlafzimmer grün drapieren. Den Morgentee kocht er sich selbst, aber ansonsten sorgen eine Dienerschaft, Louisa und Pietro, ein Arzt und ein Gondoliere für ihn. Sein wichtigster Besucher ist für viele Wochen Karl Ritter, der kurz zuvor mit Cosima ein fast verhängnisvolles Erlebnis gehabt hat. Die österreichischen Offiziere grüßen Wagner respektvoll, die Polizei prüft seinen Pass und schickt ihn an den hochberühmten Riccardo W. zurück, die Militärkapelle spielt auf dem Markusplatz mit schleppendem Tempo Ausschnitte aus seinen Opern. Das alles belustigt ihn und schmeichelt ihm. Natürlich ist er in Geldnot und sehnt sich nach einem Zuhause; selbst Minna sieht er milder. Mehr denn je schreibt er Briefe, liest erneut Schopenhauer, beschäftigt sich mit Buddha und Humboldt. Anfang Oktober kommt endlich aus Zürich sein Erard-Flügel. Er überarbeitet die Lieder – »besseres habe ich nie gemacht« – und komponiert den *Tristan*. Seine Gefühle für Mathilde schreibt er in ein Tagebuch, das er ihr erstmals im Oktober schickt. Es ist eine hymnische Prosa voller Ausrufezeichen: Du mein Himmel! Meine Erlöserin! Mein seliges, reines, liebes Weib! Wenn alle Eifersucht überwunden ist, kehre ich vielleicht zurück, bedarf Deiner Pflege. Wenn ich in Deinen Armen nicht leben kann, so will ich in Deinen Armen sterben. Deine Liebe hat mich erlöst, Deine Liebkosungen waren die Krone meines Lebens. Wir haben alle Schmerzen und Leiden der Liebe »bis auf die Hefe« genossen, jetzt aber haben wir jeden üppigen Liebesgenuss, jedes Begehren überwunden. Nun leben wir in Ruhe, Frieden, Entsagung, Todesduft usw. usw.

Auch wenn er ihr physisch nicht nahe sein kann, will er sie seelisch vereinnahmen. Es fällt ihm schwer, Mathilde als soziales Wesen zu sehen; wenn er an sie denke, seien ihm nie Eltern, Kinder, Pflichten in den Sinn gekommen. Die Nachricht vom Tod des dreijährigen Sohnes Guido, dessen Patenschaft er abgelehnt hatte, betrübt ihn auch, weil sie seine eigene Stimmung verdirbt. Wie die Erde um die Sonne kreist, so müsse Mathilde um ihn kreisen. Andere Planeten kennt sein Firmament nicht. Es gebe niemandem, dem er sich so gerne mitteile, keinen anderen Menschen, der aus ihm so Vieles und Gutes herausgelockt habe. Während der dithyrambische Ton auch den zweiten Teil des Tagebuchs bis Januar 1859 bestimmt, wählt

Wagner in den Briefen wieder die Sie-Form, nennt Mathilde »Freundin« und »Kind«, lässt »Wesendonck« grüßen, schreibt der Tochter Myrrha. Das geschieht sicher aus Vorsicht, aber auch aus der Einsicht heraus, dass sich Mathilde mit ihrem Mann versöhnt hat. Wagner bleibt mit seinem *Tristan* und einer vagen Hoffnung allein.

Im Februar teilt ihm die Polizei mit, dass er Venedig verlassen müsse; Sachsen hat in Wien seine Ausweisung betrieben. Noch immer ist er ein steckbrieflich Gesuchter. Im März ist die Partitur des zweiten Akts fertig, dann reist Wagner ab und bezieht drei Zimmer im Hotel »Schweizerhof« in Luzern. Der Erard-Flügel folgt ihm. Am 2. April besucht er erstmals wieder Wesendoncks in Zürich. Das geschieht öffentlich und auf Einladung Ottos, um, wie Wagner seiner Frau nach Dresden schreibt, allen Entstellungen und Übertreibungen ein Ende zu machen. Weitere Besuche und Gegenbesuche folgen. Minna nennt diesen freundschaftlichen Verkehr ein Scheinverhältnis. Für Wagner beweist das Wiedersehen, das ruhig und ohne Überraschungen verläuft, dass er und Mathilde auch in der Trennung zusammengehören. Er verklärt ihre Liebesbeziehung in seiner Arbeit: »Kind! Dieser *Tristan* wird was furchtbares! Dieser letzte Akt!!! Ich fürchte, die Oper wird verboten.« Der dritte Akt sei ein Wechselfieber von tiefem unerhörtestem Leiden und unmittelbar darauf unerhörtestem Jubel und Jauchzen. Wenn Wagner stockt, schickt Mathilde ihm als Arznei Zwieback, den er begeistert, und eigene Gedichte, die er kurz lobt. Sie tauschen wieder Bücher aus, pflegen »den Umgang mit den Großen«: Goethe, Schiller, Cervantes, die Lehre Buddhas, gegen die jede andere Lehre kleinlich, borniert erscheine. Am 6. August 1859 ist die *Tristan*-Partitur fertig, wenige Stunden später kommen Wesendoncks zu Besuch.

Im September ist Wagner nochmals Gast in der Villa Wesendonck. Diese ménage à trois sieht Wagner so: »So steht der Mann zwischen mir und seiner Frau, der er vollkommen zu entsagen hatte, als beiderseitiger, ich kann wohl sagen, echtester Freund« (Brief an

Hans von Bülow, 7. 10. 59). Diese Illusion wird er erst zwei Jahre später begraben. Jetzt reist er weiter nach Paris. Es ist sein dritter Versuch, die Welthauptstadt der Musik zu erobern, und sein letzter Versuch, mit Minna zusammen zu leben. Detailliert beschreibt er Mathilde, welches Hauspersonal er braucht – Diener, Köchin, junges Mädchen für seine Frau –, wie er sich zum letzten Mal, das sei gewiss, ein kleines Nest einrichtet; es sei fast wie im »Asyl«. Wenige Tage später kommt Minna. Im Januar und Februar dirigiert Wagner mit großem Erfolg eigene Kompositionen im Italienischen Theater. Stolz berichtet er Mathilde von seinen neuen Bekanntschaften, von Gounod, Rossini, Champfleury, Doré und vor allem von Baudelaire, der sein Herold wird. Die vielen adeligen Damen seien nur »Bekanntschaften«.

Das eigentliche Ziel, *Tristan* aufzuführen, scheitert in Paris ebenso wie später in Karlsruhe und Wien. Doch in Paris gibt Kaiser Napoleon III. auf Bitten der Fürstin Metternich den Befehl, *Tannhäuser* in der Großen Oper einzustudieren. Wagner akzeptiert die Bedingungen, dass die Oper in französischer Sprache und mit einem großen Ballett aufgeführt wird. Enthusiastisch beschreibt er Mathilde das neue Bacchanal. Er werde es zwar nicht, wie vom einflussreichen Jockeyclub gefordert, im zweiten Akt platzieren, aber erst jetzt, nach Isoldes Verklärung im dritten Akt *Tristan*, habe er die größere Meisterschaft gewonnen, um das Grauen des Venusbergs zu komponieren. In der Dresdner Fassung sei der Gegensatz zwischen Wartburg und Venusberg zu matt geblieben. »Man wird eben allmächtig, wenn man mit der Welt nur noch spielt.« Er weiß, Mathilde versteht ihn, ja mehr, nichts habe er auf der Welt als sie, »für Sie, durch Sie, mit Ihnen lebe ich«. Er schreibt ihr lange »Kapellmeisterbriefe« über die Kunst des Übergangs, über das *Tristan*-Vorspiel und seine Ideen zu *Parsifal*. In »Ballettmeisterbriefen«, so nennt er sie, berichtet er detailliert über Grazien, Faunen, Bacchantinnen, Mänaden, Nymphen und natürlich über Venus und Tannhäuser. Er schickt ihr die neuen Verse der Venus, schreibt optimistisch über die Klavierproben, die im September 1860 beginnen. Die Aufführung des *Tannhäuser* werde das Beste, was je stattgefunden hat – glaubt er. Nur sie versteht, dass er seine Teilamnestie – im August hatte er erstmals nach elf Jahren wieder Deutschland besucht – nur als ein neues Feld des Leidens empfindet. Die Erfüllung der Wünsche schmecke schal. Not sei der wahre Genuss.

Die Premiere der Pariser *Tannhäuser*-Fassung wird immer wieder verschoben. Endlich findet sie am 13. März 1861 statt. Es ist nicht der erhoffte »succès d'argent«, sondern ein riesiger Skandal. Otto Wesendonck ist dabei. Die Grazien gefallen ihm mehr als der wollüstige Gesang der Venus, wie sich Wagner später etwas süffisant erinnert. Mathilde ist nicht gekommen. Nach der dritten Vorstellung wird die Oper abgesetzt.

An seinem achtundvierzigsten Geburtstag überrascht Wagner Wesendoncks mit seinem Besuch. Er ist beharrlich in einer vagen Illusion. Im Sommer wird der Hausstand in Paris aufgelöst, werden die Möbel wieder einmal eingelagert. Minna soll sich in Dresden niederlassen, er selbst will den Rest seines Lebens der Wanderschaft weihen. Diese Wanderschaft führt ihn in den nächsten drei Jahren, bis zur Rettung durch König Ludwig II. im Mai 1864, nach Deutschland, Wien, Moskau, Petersburg, Prag – immer auf der Suche nach Geldeinnahmen, um zu leben und zu arbeiten. Seine Hoffnungen, in Wien *Tristan* aufzuführen, erfüllen sich nicht. Im November 1861 sehen sich Wagner und Wesendoncks in Venedig wieder. Dieses Wiedersehen öffnet Wagner die Augen. Er erkennt endgültig, dass er ohne Mathilde, die mit ihrem fünften Kind schwanger ist, leben muss. Er weiß aber auch, was er ihr verdankt: »Daß ich den Tristan geschrieben, danke ich Ihnen aus tiefster Seele in alle Ewigkeit«, schreibt er ihr am 21. Dezember zum Geburtstag und dann einen Abschiedsbrief: »Nun erst bin ich ganz resigniert! Das eine hatte ich nie aufgegeben und glaubte es mir schwer gewonnen zu haben: mein Asyl noch einmal wiederzufinden, in Ihrer Nähe wieder wohnen zu können. Eine Stunde des Wiedersehens in Venedig genügte, um dieses letzte Wahngebilde mir zu zerstören!« Er spürt, dass seine Nähe sie so in ihrer ruhigen bürgerlichen Lage bedrängt, dass er ihretwegen Abstand halten muss. Das einzig Wertvolle aber werde sie nicht verlieren: seine Arbeiten. Schon auf der Rückreise von Venedig arbeitet er an den *Meistersingern*: »Gegen Sachs halten sie ihr Herz fest: In den werden Sie sich verlieben!« Das Rollenspiel wechselt von Wotan zu Hans Sachs, von Brünnhilde zu Evchen.

Den Jahreswechsel verbringt Wagner allein in Paris. Ende Januar schickt er Mathilde den fertigen *Meistersinger*-Text. Dann zieht er nach Biebrich am Rhein. Wieder hofft er vergeblich auf ein ruhiges Heim. An seinem neunundvierzigsten Geburtstag schreibt er, in die Rolle von Hans Sachs schlüpfend, Mathilde einen Brief, der ihn in seiner Mischung von persönlicher Larmoyanz und künstlerischem Selbstbewusstsein gut charakterisiert: »Heut' ist mein Geburtstag. Man hat mir Blumen ins Haus geschickt. Ich war krank und bin erst gestern wieder in den Park gekommen. An Sie durfte ich jetzt wenig denken, da ich Ihnen in Nichts mehr helfen und nur stille Wünsche noch für Ihr Wohlergehen hegen darf. – So saß ich einsam. – Plötzlich kam mir ein Einfall zur Orchestereinleitung des dritten Aktes der *Meistersinger*... wenn der Vorhang aufgeht, Sachs in tiefem Sinnen dasitzt, lasse ich die Baßinstrumente eine leise, weiche, tief melancholische Passage spielen, die den Charakter größter Resignation trägt: da tritt, von Hörnern und sonoren Blasinstrumenten die feierlich freudig-helle Melodie des ›Wacht auf! Es rufet (nahet) gen den Tag: Ich hör' singen im grünen Hag ein' wonnigliche Nachtigall‹ wie ein Evangelium hinzu, und wird wachsend vom Orchester durchgeführt. Es ist mir nun klar geworden, daß diese Arbeit mein vollendetstes Meisterwerk wird und – daß ich sie vollenden werde.« Auch im Brief ist Wagner ein Meister der

Selbstinszenierung. Einsam bleibt er nicht, am Abend erfreut ihn eine andere Mathilde mit einer kleinen Gesellschaft. Dieses Fräulein Maier hat er vor kurzem kennengelernt, und von ihr wird bald die Rede sein.

Dann wird die Korrespondenz spärlicher: Nichts über sein Werben um die neue Mathilde, den Besuch Cosimas mit ihrem Mann, die erste Aufführung der *Wesendonck-Lieder* bei Schott in Mainz im Juli 1862; auf dem Titelblatt steht: »Fünf Dilettanten-Gedichte für Frauenstimme in Musik gesetzt von Richard Wagner«. Mathildes Namen fehlt. Im Juni 1863 schreibt Wagner sein letztes großes Liebesbekenntnis an Mathilde und schickt es der gemeinsamen Freundin Eliza Wille: »Ein Mensch wenigstens muß wissen, wie es mit mir steht. Darum sag' ich's Ihnen: Sie ist und bleibt meine erste und einzige Liebe! Das fühl' ich nun immer bestimmter. Es war der Höhepunkt meines Lebens.« Natürlich hofft Wagner, dass die Freundin sein Bekenntnis nicht für sich behält.

Das Schweigen nimmt zu. In großen Abständen berichtet Wagner von seinem Leben, seiner Wohnung, seinen Schulden. Im November 1863 besucht er Wesendoncks in Zürich, wieder um Geld bittend. Dann reist er über Mainz nach Berlin. Dort trifft er Cosima.

Wagners finanzielle Situation ist katastrophal. In Löwenberg und Breslau gibt er Konzerte und trifft Harriet von Bissing (1818-1879), die Schwester von Eliza Wille. Sie kennen sich aus Zürich. Viele Wochen hofft Wagner, wie er es in seiner Autobiographie darstellt, dass sie ihr Versprechen hält, das kindische und unüberlegte Handeln von Mathilde gegen Minna zu sühnen und ihn großzügig zu finanzieren. Harriet, die aus einer reichen Hamburger Reederfamilie stammt, erwartet Wagners Zuneigung, ja Liebe. Aber sie traut ihm nicht und gibt ihm schließlich kein Geld: »Wenn ich Wagner rette, so liebt er doch am Ende nur die Wesendonck«, schreibt sie ihrer Schwester Eliza.

Im März 1864 zieht sich die Schlinge zu. Immer neue, mit immer kürzeren Fristen ausgestellte Wechsel. In Wien droht Wagner die Schuldhaft. Wesendoncks lehnen es ab, ihn aufzunehmen. Wie einst in Riga muss er heimlich vor seinen Gläubigern fliehen. In seiner Verzweiflung reist er, nur »dem Rechte alter Kameradschaft vertrauend«, zu Eliza Wille nach Meilen und bleibt dort, freundlich geduldet, ohne Aussicht auf irgendeine Rettung vier Wochen. Seine Gedanken sind sprunghaft und wirr: Er will sich in Petersburg niederlassen oder bei engen Verwandten; er will seine Bücher und Manuskripte vererben und sterben oder doch lieber reich heiraten. Nach einer »stürmischen Fiebernacht«, in der ihn Eliza Wille mit ihrer Zuversicht, dass sich etwas Gutes ereignen werde, so tröstet, dass sie beide wie »gottbegeistert« sind, reist Wagner am 28. April ins Ungewisse ab. Fünf Tage später geschieht das Wunder: Ludwig II., jung, enthusiastisch und frisch gekrönt, rettet ihn aus seiner ausweglosen Situation. Monate später schreibt er an Mathilde: »Ja, Kind, der liebt mich; das ist nun einmal so« und bittet sie um Rückgabe vieler Manuskripte, die er nun dem König schenken will. Auch Otto verzichtet zugunsten des Königs auf die von ihm 1859 bezahlten Rechte am *Ring*.

Als Muse, Minne und Freundin hat Mathilde, als Mäzen hat Otto fast ausgedient. Zwischen 1865 und 1870 ist der Umgang spärlich, Cosima und Ludwig II. nehmen den Platz von Mathilde und Otto ein. Zur Uraufführung des *Tristan* 1865 kommen Wesendoncks nicht. Ihre Abwesenheit verbittert Wagner. Drei Jahre später besucht Otto allein die Uraufführung der *Meistersinger*. Ihm hatte Wagner die Rolle Veit Pogners zugeschrieben, dem Goldschmied und Vater Evchens. Im wirklichen Leben war er zwar sein Mäzen, aber leider nicht der Vater, sondern der Ehemann Mathildes.

Zur Hochzeit von Richard und Cosima im August 1870 schickt Mathilde ein Bouquet Edelweiß. Im Februar 1871 sehen sich Richard und Mathilde erstmals nach mehr als sieben Jahren wieder.

Ihr inzwischen dunkles Haar verwische jede Erinnerung, meint er. Doch versöhnlich sei, dass sie ihm als eine gute Person vorkomme, die sich herzlich freue, dass es ihm nun gut ginge. So freundlich äußert er sich selten. Ein paar Tage vor diesem Besuch beteuert er, dass dies keine ernste Beziehung gewesen sei, und damit kein falscher Eindruck entstehe, habe er ihr ihre Briefe zurückgeschickt und die seinigen verbrennen lassen (TCW 9. 2. 71).

Mathilde schreibt viele Gedichte, Märchen und Dramen. Richard nennt ihre Literatur dumm und albern. Frauen sollten sich nur emanzipieren und Männerrechte ausüben, wenn es lebensnotwendig sei. Cosimas spätere Rolle kann er nicht vorhersehen. 1872 ziehen Wesendoncks wegen deutschfeindlicher Unruhen in Zürich nach Dresden. Lange Zeit hofft Wagner vergeblich, dass Otto einen erbetenen Vorschuss von hunderttausend Talern für Bayreuth gibt. 1876 besuchen Wesendoncks die ersten Festspiele. 1882 kommt Mathilde allein zum *Parsifal.* Ende des Jahres ziehen Wesendoncks nach Berlin. Auch dort führen sie ein glanzvolles Haus. Auf Wagners Tod 1883 schreibt Mathilde das Klagelied: »Ein Schmerzensruf geht durch die Welt«. Otto stirbt 1896 in Berlin, sechs Jahre später Mathilde im Alter von dreiundsiebzig Jahren am 31. August 1902 auf ihrem schönen Landsitz »Traunblick« in Österreich. In einem Nachruf in den *Bayreuther Blättern* rühmt Hans von Wolzogen im Auftrag Cosimas Mathilde als eine edle Frau und vornehme Seele, die Wagner die zarte, warme, reine Sphäre der Weiblichkeit gebracht habe. So rein und harmlos sollte die Erinnerung sein. Doch die Wahrheit ist irdischer.

Alle Zeugnisse für diese leidenschaftliche Beziehung sind Wagner peinlich. Er verharmlost, verdrängt und bedauert, diese Erlebnisse nicht aus seinem Leben entfernen zu können. Aus dem Herzen habe er sie entfernt. Die Intimitäten, die es nur auf Grund alter Gefälligkeiten gebe, empfindet er als peinlich und beschwerlich.

Das entscheidende Jahr 1858 ordnet er so ein: »Das Wort Sakrilegium habe ich zwei Mal gehört ... das erste Mal in der scheußlichen Zeit, wo Mathilde Wesendonck auf meine Frau eifersüchtig wurde, da schlug ich ihr vor, mich von meiner Frau, sie sich von ihrem Mann trennen zu lassen und uns zu heiraten, sie erwiderte: das wäre Sakrilegium. Übrigens, fügt er lachend hinzu, paßte das unverstandene Wort zu meinem Vorschlag ganz hübsch, denn im tiefsten Grunde und unbewußt ernst war es mir nicht! Das zweite Mal kam von einer zweiten Mathilde (Maier) das Wort, und zwar in Bezug auf uns« (TCW 14. 3. 73). Er distanziert sich von den Liedern und der Mathilde gewidmeten Sonate. Eigentlich habe Mathilde nie gewusst, worum es sich handelt. Sie sei unzurechnungsfähig. Das Verhältnis habe er poetisch verschleiert, um dessen Trivialität nicht zuzugeben (TCW 22. 8. 70). Er würde nicht gerne daran erinnert. Doch die Erinnerungen verfolgen ihn auch in seine Träume:

»R. hatte eine üble Nacht, wilde Träume, unter andrem, daß Frau Wesendonck ihm ein jüngst geborenes Kind zeigte, bei ihr höre das nicht auf, bemerkend; dann mit der größten Naivität gab sie dem Kind, welches einen seltsamen Kopf-Putz hatte und frühreif war, die Brust – so naiv geht es hier zu, sagte Richard. Da kam ein großmächtiger Geier auf Mutter und Kind zu, Richard verscheuchte ihn zuerst, er kam aber wieder auf sie losgestürzt. Da erwachte er« (TCW 17. 1. 74).

»Lachend erzählt er mir seinen Traum ›beim Umwenden‹: Ich war zwischen Minna und Mme Wesendonck, letztere machte mir gräßliche Avancen, um Minna zu ärgern, immer auf sie blickend, nun, keine von beiden, dachte ich und suchte mich fortzumachen, sah nach einer Börse, in welcher Goldstücke waren. Geht der Teufel wieder los, sagte ich mir beim Erwachen« (TCW 16. 1. 79).

»Von den Träumen sprechen wir, in der letzten Zeit sei darin Frau Wesendonck öfters vorgekommen, leider aber immer in spinniger, unangenehmer Weise; wie er sie ein Mal gesehen, wo ihr Mund so schlaff, dabei nur boshaft zu Malicen sich öffnete, und wo er sich sagte: Nun, ist gut, das ist auch aus. Was er dann noch gesagt und getan, sei zur Aufrechthaltung einer gewissen Herzens Schicklichkeit gewesen« (TCW 14. 10. 79).

Er nimmt Chloral, nennt es Juden-Beize, schläft schlecht und hat »die lächerlich widerlichsten Träume: Seine Schwester Klara setzt sich auf seinen Nacken, um ihn im Wasser versinken zu machen. Frau Wesendonck will ihn vergiften« (TCW 14. 12. 79).

Cosima musste seit 1864 auf Mathilde nicht eifersüchtig sein, aber sie bleibt es im Hinblick auf die Bedeutung dieser Frau für Wagners Leben. Sie spricht von der belle Mathilde, nennt sie »sa poétique amie«, aber auch eine kühle »Salonière« ohne Poesie, unfähig, sich ganz dem Geliebten hinzugeben. Nach Wagners Tod korrespondieren beide häufig. Mathilde schickt ihre Bücher, Cosima dankt ihr für großzügige Unterstützungen des Bayreuther Stipendienfonds. Wagners Sohn Siegfried ist während seines Studiums häufiger Gast bei Wesendoncks in Berlin. Als H. St. Chamberlain in seiner Wagner-Biographie 1896 die Zürcher Zeit nur marginal behandelt, erhebt Mathilde Wesendonck Einwände. Cosima erfährt davon, ist beunruhigt und bittet ihren späteren Schwiegersohn Chamberlain, das Kapitel in ihrem und damit selbverständlich in Wagners Sinn umzuarbeiten. In einem langen Text, den sie ihrer Tochter Eva gibt, beansprucht sie die Deutungshoheit: Im August 1858, als sie und Bülow als Gäste im »Asyl« wohnten, habe Frau Wesendonck Wagner an ihren Mann gänzlich verraten. Wagner habe ihr angeboten, mit ihm Zürich zu verlassen und das Leben mit ihm zu teilen, worauf sie erwidert habe: »Das wäre ein Sakrilegium«. Dann habe man die Beziehungen abgebrochen, die Briefe auf Wunsch von Frau Wesendonck gegenseitig zurückgegeben, alles sollte vernichtet werden. Bestimmt hätte Wagner den exaltierten Charakter der Beziehung aufgegeben und sie in das Geleise der wohltuenden, liebenswürdigen Traulichkeit zurückgeführt, wenn Frau Wesendonck Minna verziehen hätte. Das tat sie aber nicht. So habe Wagner gesagt: »Pack ein, Minna, die ist eifersüchtig.« Auf Vermittlung von Frau Wille habe man sich zwar in exaltierter Überschwänglichkeit versöhnt, aber notgedrungen und nicht freiwillig habe Wagner das »Asyl« verlassen, daran sei Frau Wesendonck, die zu einer entsagenden Heiligen gestempelt wurde, schuld. Als sie 1862 ihren Sohn Hans gebar, habe Wagner an Frau Wille geschrieben: So habe er die Resignation nicht aufgefasst.

Auch die Bedeutung Mathildes für die Entstehung des *Tristan* relativiert Cosima: »Als der *Tristan* konzipiert wurde, war die Beziehung noch eine liebenswürdig-anmutige. Mit der Vollendung der Dichtung (bei welcher bereits die Hauptthemen des Werkes entstanden waren) verwandelte sich die Beziehung in eine schwärmerisch-exaltierte. Die *Träume* und *Im Treibhaus* wurden mit bereits vorliegenden Themen des *Tristan* illustriert, wie sich Dein Vater ausdrückte. Demnach ist nicht der zweite Akt aus den *Träumen* entstanden ... Wie es einmal hieß, Mathilde Wesendonck hinge mit dem *Tristan* zusammen, sagte Dein Vater: ›Das arme Kind würde erschrecken, wenn es wüßte, was im *Tristan* steckt‹«.

Zu den Wesendonck-Liedern zitiert sie Wagner mit den Worten: »Das, was ihr Heiligstes hätte sein sollen, gab sie preis, so daß mir diese Lieder wertlos sind und ich sie ausgesungenen Sängerinnen schenke.« Nur aus Not seien sie veröffentlicht worden.

Fast alle Äußerungen, die Cosima von Wagner zitiert, banalisieren die Beziehung: Das Bedürfnis sei so ungeheuer groß gewesen – Sie war sehr lieblich – Sie habe ihm hübsch bei der Arbeit geholfen durch anmutige Aufmerksamkeiten im täglichen Leben – Eine Beziehung, die nicht geprüft werden durfte – Als sie zu Weihnachten einen Eierkocher mit den Worten »das Ei der Unsterblichkeit« schenkte, habe Wagner gesagt: »Schumann macht dumm.« Sie habe viel Schumann und später Brahms getrieben. Auch ihre Bücher hätten ihn blamiert, ein kolossales Schweigen wäre angebracht gewesen.

»Viel Lärm um nichts« oder »tant de bruit pour une omelette« – so versucht Cosima diese Geschichte zu manipulieren. Doch posthum widerfährt Mathilde Genugtuung. Sie hat ihren Nachlass geordnet und verfügt, dass Wagners Briefe an sie, die in Abschriften erhalten sind, veröffentlicht werden. Vergeblich versucht Cosima, dies zu verhindern. Die *Wesendonck-Briefe*, die die Leidenschaft und Bedeutung dieser Beziehung für Wagners Leben und viele seiner Werke dokumentieren, werden so populär wie kein anderes Buch von oder über Wagner. Cosima muss sich mit der Tatsache abfinden, dass es vor ihrer Zeit in Wagners Leben eine andere große Liebe gab.

DIE EINSAME MINNA

Minnas Rolle in der Wesendonck-Geschichte ist nicht beneidenswert. Wagner erwartet, dass sie wie Otto Wesendonck die Beziehung stillschweigend duldet. Doch Minna hat die schlechteren Karten: Sie ist eine Frau, ist fast zwanzig Jahre älter als die andere, hat kein eigenes Geld, dafür gesundheitliche Probleme und schlechte Erfahrungen mit ihrem Mann. Schließlich nimmt sie die »Morgenbeichte« zum Anlass, das Schweigen zu brechen. Das ist in den Augen Wagners, der Ursache und Wirkung großzügig tauscht, der eigentliche Skandal. Das Leben war angenehm, die Stimmung zum Arbeiten anregend. »So lange zwischen uns vier unter anständigen Bedingungen Schweigen herrschte«, schreibt er rückblickend an Minna, »ging es; als es laut wurde, konnte dies dem Manne nicht mehr zugemutet werden.« Minna soll glauben, dass er vor allem auf Otto Rücksicht genommen habe, aber in Wirklichkeit flieht er vor Minna: »Mein Haus hat sie zur Hölle gemacht«, schreibt er schon im Mai an Julie Ritter. Später wird auch Mathilde zur Mitschuldigen: Sie habe weder der armen Minna verzeihen noch mit ihm fliehen wollen, habe ihm ihr Familienleben vorgezogen. Wagner ist – wie in der Laussot-Affäre – tief enttäuscht und verbittet sich noch nach Jahren von Mathilde moralische Ratschläge. Seine Abreise am 17. August 1858 wirkt wie eine Befreiung aus der moralischen Enge in Zürich. Die wirklich Leidtragende ist Minna. Wieder verkauft sie viele Teile des Hausrats – Spiegel mit Goldrahmen, Spieltische, Speisetisch für vierzehn Personen, seidene Kanapees, einen Weinschrank für dreihundert Flaschen –, lagert den Rest ein und verschickt einiges nach Dresden. Am 2. September verlässt sie »das Trauerhaus«. Erst fünfzehn Monate später wird sie ihren Mann wiedersehen.

Sie reist nach Sachsen. Ihre Eltern sind gestorben, ihr Mann hat sie betrogen und verlassen. Sie hat schwere Existenzsorgen. Fürs Theater ist sie zu alt, sie ist inzwischen neunundvierzig, eine Anstellung bei reichen Leuten will sie nicht. Wagner alimentiert sie, das muss man ihm zugute halten, aus seinen unsicheren Einkünften so gut es geht. Er bittet Freunde, sie zu unterstützen, und versucht, sie zu trösten: Sie möge zur Ruhe kommen, sich schonen, vergessen. Nicht sie soll ihm verzeihen, sondern er verzeihe ihr, spreche sie von aller Zurechnung frei, sie habe viel gebüßt. Minna ist die Unzurechnungsfähige, er, wie in der Laussot-Affäre, der Mensch und Arzt. Sein Rezept ist, sie liebevoll zu täuschen. Er behandelt sie wie eine Kranke, wie ein Kind. Zum Hochzeitstag schickt er ihr aus Venedig einen Mantel mit Kapuze, sehr solide und nobel, dazu ein schweres, schwarzes Atlaskleid. Sie soll 1. Klasse reisen, eine Kur machen, gesund werden. Natalie bittet er, als Minna wieder über Schlafstörungen klagt, eine Nachtlampe mit Uhr und den aufgestickten Worten »Er ist doch ein guter Mann« zu kaufen. Von seiner persönlichen Unschuld ist Wagner vollkommen überzeugt. Er bedauert den Kummer, den er ihr macht, aber daran sei nicht er, sondern sein Schicksal schuld. Wenn sie ihn in Ruhe lässt, ihm Behaglichkeit gibt, nicht nachtragend und misstrauisch ist, habe sie Anteil an seinen Werken. Sein Gedeihen als Künstler und das Gedeihen seiner Werke sei auch ihr Lohn. Doch Minna quälen ihre Erinnerungen, und ihr Mann bleibt für sie trotz aller Fürsorge ein Gegenstand des Argwohns. Im Mai 1859, er komponiert gerade den dritten *Tristan*-Akt, gibt Richard ihr wieder einmal eine Lektion darin, wie Liebe und Ehe mit einem großen Künstler zu verstehen sei: Am Anfang stehe der flüchtige Reiz des Verliebtseins; man wolle den anderen besitzen und gehe dann eine »gegen alle Hindernisse und Einwürfe seitens des praktischen Verstandes, der die Not voraus sieht, aus leidenschaftlichem Begehren geschlossene jugendliche Ehe« ein. Das sei ganz natürlich, und so habe er es auch im Vorwort zu seinen drei Operndichtungen dargestellt. Ihre Fehltritte seien mit seiner Eifersucht zu erklären und er habe ihr alles verziehen. Nach den Jugendprüfungen kämen die harten Prüfungen des reiferen Lebens. Das Zusammenleben mit einem außergewöhnlichen Künstler führe zu manchen Störungen, da das Schwärmerische seiner Natur und seiner Werke ihn selbst und andere errege. Ein so bedeutender und mit so großer Leidenschaft wirkender Künstler, wie er es sei, behalte zeitlebens eine gewisse Jugendlichkeit; daher müsse seine altvertraute Ehefrau vor allem nachsichtig sein gegen »neu auftretende Erscheinungen« von außen. Doch wenn es zum Äußersten gekommen sei, halte man zusammen.

So, nur mit viel mehr Worten, solle Minna antworten, wenn sie nach ihrer Ehe mit ihm befragt werde. Zum Schluss wird der Souffleur energisch: »Kannst Du Dir die Vergangenheit nicht in einem versöhnlichen Sinne zurecht legen, so suche sie nach Kräften zu vergessen, und halte Dich an das, was ich Dir bin.« Am 6. August schreibt er seiner liebsten Minna, dass er um halbfünf Uhr die letzte Note des *Tristan* geschrieben habe; zwei Stunden später kommen Wesendoncks, mit denen er dies Ereignis feiert.

Schon im Oktober zuvor hatte Hans von Bülow, der Minna nicht leiden kann, an Karl Klindworth geschrieben: Wagner scheine Sehnsucht nach seiner Frau zu haben, die ihm von ihrem baldigen Ende vorjammere und ihn natürlich dadurch – so trivial das Mittel auch sei – zu neuem Mitleid rühre. »Um mich soll niemand sterben«, schreibe Wagner, so dass Bülow argwöhnt, Wagner werde sich aus Mitleid wieder mit Minna vereinigen. Und er behält recht. Zwar erkennt Minna, dass nur Mitleid und Gewohnheit ihren Mann an sie binden, aber im November 1859 folgt sie ihm nach Paris. In der rue Newton beziehen sie mit dem Geld von Otto Wesendonck, dem Wagner die Rechte an den ersten drei Teilen des *Ring* verkauft hat, eine luxuriöse Wohnung mit Dienerschaft. Wagner glaubt, er werde Paris endlich erobern. Seine Konzerte sind ein musikalisches und gesellschaftliches Ereignis. Stolz berichtet er Mathilde davon.

Minna, die kein Französisch spricht, fühlt sich isoliert. Im Sommer 1860 macht sie eine Kur in Bad Soden; Wagner besucht sie und betritt damit erstmals nach elf Jahren wieder deutschen Boden. Gemeinsam mit seiner Frau kehrt er nach Paris zurück, da im September die *Tannhäuser*-Proben beginnen. Wagner ist geradezu euphorisch. Akribisch kümmert er sich um die Übersetzung ins Französische, enthusiastisch erfüllt er den Wunsch nach einem neuen Ballett, nicht aber die Forderung, dieses im zweiten Akt zu platzieren. Minna klagt später, *Tannhäuser* wäre mit einem wie vom Jockey-Club geforderten Ballett im zweiten Akt eine »wahre Ruhm- und Geldquelle« geworden. So aber wird es nur der berühmte Skandal. Wagner erlebt, daran erinnert er sich später, die ganze Brutalität dieser so fein sich dünkenden Gesellschaft. Ohne Minna reist er im April 1861 nach Karlsruhe und Wien. Seinen achtundvierzigsten Geburtstag feiert er bei Wesendoncks. Davon berichtet er Minna natürlich nicht. Im Juli wird die gemeinsame Wohnung in Paris aufgelöst, der Hausrat eingelagert. Wagner nennt es die stete Wiederholung des gleichen, unruhigen Schicksals. Das Ehepaar trennt sich wieder. Minna macht eine weitere Kur in Bad Soden, Wagner hofft auf die Uraufführung des *Tristan* in Wien.

Die Einsicht ist gewachsen, dass ein gemeinsames Leben kaum erträglich ist. Fortan redet Richard seine Frau vor allem mit »Meine gute Minna« oder »Liebe Minna« an, nur in Briefen zu ihrem Geburtstag und zum Hochzeitstag nennt er sie »Liebste Minna«. Immer noch macht er ihr Hoffnungen auf eine gemeinsame Niederlassung. Aber er stellt auch seine Bedingungen. Über sein Verhältnis zu Wesendoncks habe sie zu schweigen. Daran habe sie sich in Paris nicht gehalten, und darum sei es wieder eine Schreckenszeit mit Kummer, Sorgen und Ärger geworden. »Es ist bei Dir zu einer fixen Vorstellung geworden, daß ich nach dem Besitz einer anderen Frau verlangte und deshalb Dich haßte und oft unfreundlich behandelte, weil Du mir zur Erreichung meines Zweckes im Wege stündest.« In das Verhältnis zu Mathilde – den Namen erwähnt er nicht – habe sich bedauerlicherweise Leidenschaft gemischt. Er gibt zu, »daß von jeder Seite damals so leidenschaftliche Exzesse vorfielen, daß jede besonnene Haltung ins Schwanken geriet, und auch ich will mich nicht dagegen verteidigen, daß ich zuweilen den Kopf verlor.« Aber alles sei dann in ruhige Bahnen gelenkt worden. Minna quäle sich und ihn mit einem »Bild des Wahnsinns«. So schreibt der von seiner Ehefrau nicht verstandene Künstler. Der sich nach Ruhe und Bequemlichkeit sehnende Ehemann versichert ihr aber auch: Wenn er eine feste Anstellung fände, keine gewöhnliche Kapellmeisterstelle, dann werde er ihr zurufen: »Komm, Alte.« (Brief an Minna, 18. 10. 61)

Zwei Wochen später erkennt Wagner in Venedig, dass er seine Hoffnungen auf Mathilde endgültig begraben muss. Da auch die *Tristan*-Proben in Wien stocken, sucht er einen neuen Wohnsitz, um in Ruhe an den *Meistersingern* zu arbeiten. »Keine Sicherheit, keine Einnahmen, Not und Sorge, keine Heimat, keine Familie«, klagt er wieder einmal seiner Schwester Cäcilie (Brief vom 7. 1. 62). In der Nähe seines neuen Verlegers Schott in Mainz findet er im Februar 1862 in Biebrich am Rhein eine Wohnung. Seiner Frau in Dresden schreibt er, wenn sie ihren einzigen Lebenszweck darin sehe, ihm durch alles, was sie vermöge, Ruhe und Heiterkeit zum Arbeiten zu geben, »so sage ich: Komm«. Aber er warnt sie: Sie solle sich genau prüfen, zögern, wenn sie noch Zweifel, versteckte Vorwürfe habe; die Zeit könne noch manches heilen.

Minna, überzeugt, dass ihr Mann sie braucht, um das neue Zuhause gemütlich einzurichten, zögert nicht und reist nach Biebrich. Es werden zehn Tage der Hölle, wie Wagner Peter Cornelius berichtet. Am ersten Morgen trifft ein Brief von Mathilde Wesendonck ein, wenige Tage später ein zweiter; schließlich entdeckt Minna beim Zoll – sie holt den Pariser Hausrat ab, um ihrem Mann drei Zimmer gemütlich einzurichten – eine kleine Kiste mit einem gestickten Kissen, Tee, getrockneten Veilchen und Eau de Cologne – Geschenke von Mathilde. Die Wunde bricht wieder auf, der Hass auf dieses Luder und Mistweib. Sie sei, wie sie Natalie schreibt, ruhig geblieben, aber Wagner habe getobt, geschimpft und in Berserker-Wut geschrien. Nach zehn Tagen, in denen Richard roh, herzlos, gemein zu ihr gewesen sei, reist sie nach Dresden zurück. Sie soll sich nach dem Willen ihres Manns mit Hab und Gut in Dresden einrichten, ein Zimmer für ihn genüge. Er werde sie besuchen, aber nicht umgekehrt. Ansonsten solle jeder für sich selbst sorgen. Wenige Tage später lernt Wagner im Februar 1862 im Hause von Schott Mathilde Maier kennen.

MATHILDE MAIER – FESTE MORAL

Krisen gehören zu Wagners Leben wie die Luft zum Atem, doch in den nächsten zwei Jahren werden sie sich dramatisch zuspitzen. Ruhelos sucht Wagner, da er seine Minne und Muse Mathilde Wesendonck verloren und seine Ehefrau verstoßen hat, fast gleichzeitig Trost bei zwei jungen Frauen, amüsiert sich in Wien mit einem Zimmermädchen, schwört in Berlin einer anderen Frau ewige Treue und scheint im Elend zu enden. Hat er den Kopf verloren?

Eigentlich sucht er nur ein Nest, wie er Mathilde Wesendonck klagt, in dem er sein gelegtes »Meister-Ei« musikalisch ausbrüten kann. Er wird bald fünfzig Jahre, seine Ehe ist unheilbar zerrüttet, er sehnt sich nach einer Frau, die ihn versteht und das Nest wärmt. Mathilde Maier gefällt ihm auf Anhieb. Sie interessiert sich mehr für sein unglückliches Schicksal als für seine Musik. »Als ich Sie zum ersten Mal sah«, gesteht sie ihm bald, »hat der tiefe Schmerzenszug in Ihrem Wesen einen unauslöschlichen Eindruck auf mich gemacht.« Gleich am ersten Abend verabreden sie sich, schreiben freundschaftliche, von Wagners Seite aus zunehmend zärtliche Brie-

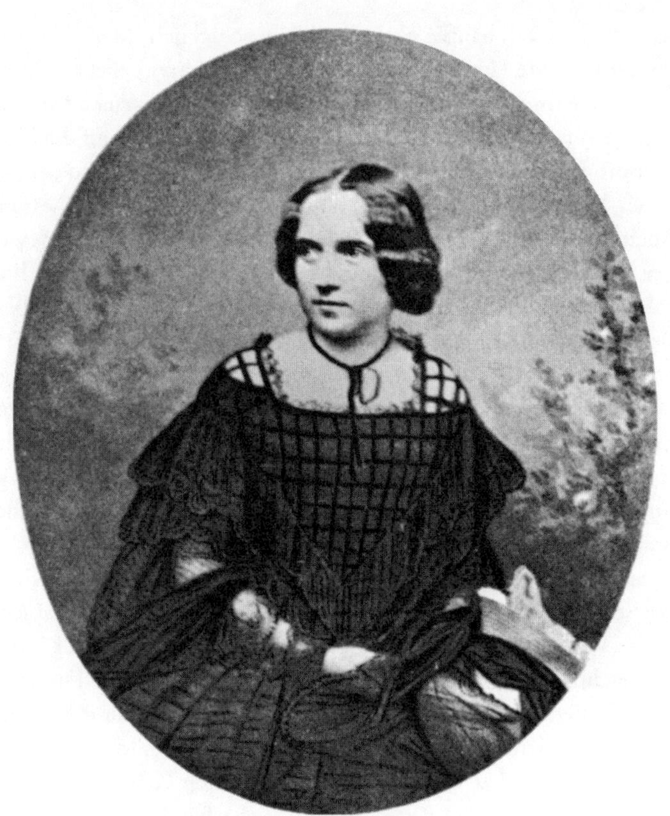

MATHILDE MAIER

fe, besuchen sich häufig, aber alles bleibt schicklich. Mathilde achtet auf korrekte Umgangsformen. Sie lebt mit ihrer geliebten Mutter, zwei Schwestern und zwei Tanten in Mainz, der Vater ist gestorben. Sein Erbe ernährt die Familie so, dass Wagner nie auf die Idee kommt, Mathilde um Geld zu bitten. Das war bei Jessie und der anderen Mathilde ganz anders, da konnte er auf »Subsidien« hoffen. Auch im Charakter gleichen sich die Frauen nicht. Mathilde hat weder die stürmische Begeisterung der einen noch die musische Hingabe der anderen. Zwar ist sie fünf Jahre jünger als die beiden, aber sie ist bodenständig, taktvoll und hat feste Moralvorstellungen. Sie hat blonde Locken, blaue Augen, ist zwanzig Jahre jünger als Wagner. Sie käme, sein alter Traum, aus »erster Hand« zu ihm. Zudem ist sie gescheit – bei Schopenhauer kennt sie sich ebenso gut aus wie später bei Nietzsche, mit dem sie korrespondiert –, liebenswürdig und hausfraulich begabt. Sie brächte Ruhe in sein Leben, und Ruhe braucht er für die Komposition der *Meistersinger*.

Sie besuchen sich in Biebrich und Mainz, schreiben sich viele Briefe. Bald werden die Anreden vertraulicher. Er nennt sie »Liebliches Wesen«, »Lieber Schatz«, »Mein allerliebstes teuerstes Kind«, unterschreibt mit »Onkel« und »Despot«. Sie gehen zum Du über, den Grüßen folgen Küsse. Sie merkt, dass er keine Schnittblumen mag und schenkt ihm, wie es auch die erste Mathilde getan hat, Rosenstöcke und zu seinem neunundvierzigsten Geburtstag einen Schwan mit Kahn und Ritter vom Zuckerbäcker. Er kokettiert mit seinem Alter, redet sie wie Hans Sachs mit Kind und Weib, auch Evchen an. Aber diese Geschichte erlebt er nicht noch einmal, das »Meister-Ei« ist längst gelegt. Diese Mathilde, das merkt er in den Sommermonaten, könnte ihm Minna ersetzen. Aber Mathilde bleibt vorsichtig, glaubt, dass sie ihm gleichgültig würde, wenn sie immer bei ihm wäre. Ihre Vorsicht ist begründet. Da sich in Biebrich die Schwierigkeiten mit dem Vermieter und dem Verleger häufen, richtet Wagner wieder alle Hoffnungen auf Wien. Mit Konzerten will er Geld, mit *Tristan* Ruhm gewinnen. Im November reist er ab. Mathilde gibt ihm Fourage mit. Reiseproviant hat er nötig, denn er fährt zu einem letzten Treffen mit Minna und anschließend in die Arme einer jungen Schauspielerin. Davon hat er Mathilde natürlich nichts erzählt.

FRIEDERIKE MEYER – KURZE TRÖSTUNGEN

Sie kennen sich seit zwei Monaten. Friederike Meyer ist die jüngere Schwester der berühmten Sängerin Luise Dustmann, die in Wien die Isolde kreieren soll. Sie ist etwa zwanzig Jahre jünger als Wagner und am Frankfurter Schauspielhaus engagiert, dessen Direktor Dr. von Guaita ihr Geliebter ist. Bei einem Besuch in Frankfurt Anfang September beeindruckt Friederike »durch ihr feines und zartes Spiel« Wagner. Kurz darauf ist er Feuer und Flamme für ihre Darstellung im *Standhaften Prinzen* von Calderón. Das Interesse ist beiderseitig. Sie sehen sich öfters in Frankfurt und Biebrich. Zunächst glaubt Wagner, von Guaita sei nur ein väterlicher Freund Friederikes, aber bald erlebt er wütende Eifersuchtsszenen, die Friederike witzig-höhnisch abwehrt. Beide sind einsam, unglücklich, liebesbedürftig. Von Mathilde Maier hat sich Wagner liebevoll, von Minna endgültig verabschiedet. Nun trifft er in Nürnberg Friederike, um mit ihr nach Wien zu reisen. Sie hofft auf eine Karriere an der Wiener Burg, er auf die erste Aufführung seines *Tristan*. Doch die Leidenschaft erlischt nach wenigen Wochen. Friederike erhält kein Engagement, ihre berühmte Schwester missbilligt das Verhältnis mit Wagner. Friederike reist nach Venedig, um sich zu erholen.

Im März 1863 fordert er sie zu einem Treffen in Berlin auf. Friederike kommt nicht, hegt aber, wie Wagner in *Mein Leben* schreibt, den heftigen Wunsch, ihn noch einmal zu treffen, um ihn dann für immer in Ruhe lassen. Doch es findet kein Wiedersehen statt. Später erfährt Wagner, dass sie reumütig zu von Guaita zurückgekehrt, ihm »still« angetraut sei, zwei Kinder habe und ganz zurückgezogen lebe. Dem entspricht Cosimas Bemerkung, eine Sängerin aus Frankfurt habe Rührendes von Richards einstiger Freundin Friederike Meyer berichtet, welche vollständig einsam in Jugenheim an der Bergstraße wohne, einzig ihre zwei Kinder erziehend (TCW 23.7.74). Überraschend großzügig notiert Cosima, dass sich Friederike mit sehr viel Adel gegen ihn benommen habe (20.3.79) und: »Er gibt mir recht, wie ich sie als die interessanteste unter seinen Frauen-Bekanntschaften bezeichne« (28.9.80). Auch Friederike gehört zu Wagners immer wiederkehrenden Träumen. Kurz vor seinem Tod vermutet er, dass sie gestorben sei, gedenkt ihrer in Liebe und träumt in seiner letzten Nacht, dass er von ihr und Mathilde Wesendonck Briefe erhalten, sie aber nicht aufgemacht habe, weil er Cosimas Eifersucht fürchtete.

Friederike ist für Wagners Leben sicher bedeutsamer als eine der vielen »Bettgeschichten« in jungen Jahren, aber sie ist nicht mit seiner Leidenschaft für Jessie Laussot oder gar mit der Bedeutung von Mathilde Wesendonck zu vergleichen. Cosimas Aussage – der Richard zustimmt –, Friederike sei die interessanteste unter seinen Frauen-Bekanntschaften gewesen, bleibt geheimnisvoll. Nach drei Monaten resigniert Friederike, und Richard jagt seinen Hoffnungen nach, zu denen immer noch Mathilde gehört.

MATHILDE MAIER – KIND UND HAUSFRAU ZUGLEICH

Mit den Konzerten in Wien erntet Wagner Triumphe, aber wenig Geld. *Tristan* scheitert nach siebenundsiebzig Proben am Tenor. Schon bald möchte Wagner wieder häuslich werden, am liebsten mit Mathilde. Er schildert ihr, um ihre Stimmung zu testen, mit gewohnter Emotionalität seine Situation: »Wenn ich so ganz ernst zu mir komme und ich mich frage, wie es weiter werden soll, kommt mir nur Eine Rettung entgegen. Mir fehlt eine Heimat, nicht die örtliche, sondern die persönliche. Nächsten Mai werde ich fünfzig Jahre. Ich kann nicht heiraten, so lange meine Frau lebt ... Ich will ein liebes Weib zur Seite, und sei's ein Kind zugleich« (4. 1. 63)! Eine Scheidung sei für ihn unmöglich, weil sie Minna den Todestoß geben würde, aber anstößig sei ein Zusammenleben mit ihm keineswegs. Ein liebes Kind oder Weib – »wie Du's nennen willst« – soll für ihn in einer Wiener Vorstadt sorgen und kochen, so dass er gut arbeiten kann. Nur am Nachmittag werde er in der Stadt Besuche machen und in einer bescheiden eingerichteten Wohnung Sprechstunden geben. Diesen indirekten Heiratsantrag relativiert er zusätzlich mit den Worten: »Es ist immerhin interessant, darüber zu diskutieren.« Aber Mathilde diskutiert nicht, hört sich in den nächsten Wochen und Monaten geduldig Wagners phantasievoll wechselnde Pläne an. Er weiß nicht, wohin er gehört. Mathilde soll Anzeigen aufgeben, Makler einschalten, Entscheidungen für ihn treffen. Haushälterin, Knecht, zwei Hunde, das genüge ihm. Er droht ihr: »Ich muß vom Rhein fort, wenn Du mir kein hübsches Nest findest.«

Im März und April gibt Wagner in Petersburg und Moskau Konzerte und verdient damit endlich viel Geld. Moskau schildert er Mathilde amüsant: Es sei ein ungeheuer merkwürdiges »Dorf« mit 400 000 Einwohnern und 800 Kirchen, der Kreml ein Konvolut von wunderbarsten Gebäuden aus 1001 Nacht, alles bunt, hell, golden gekuppelt, wunderlich und wunderbar, so dass er vor Staunen laut lachen müsse. In einem Konzert habe ein jüdischer Kaufmann, der gar nichts von Musik verstand, ausgerufen: »Gott's Wunder! Wie macht das Herr Wagner mit seinem kleinen Stäbchen? Ich habe meine Not mit meinen fünf Kommis, der könnte aber 50 Kommis im Zuge halten!« Das findet Wagner ganz famos.

Mit neuer Begeisterung will er nun ein großes Grundstück mit alten Bäumen kaufen – an Geld soll es nicht fehlen. »Wie sehr ich auf das reine Gold Deiner Liebe baue, wirst Du noch erfahren! Jetzt das Häuschen!«, schreibt er ihr im April aus Petersburg. Kurz darauf soll alles wieder in der Schwebe bleiben, denn ihm werden, was er Mathilde erst später gesteht, hohe Schulden, deren Wechsel er längst vernichtet glaubt, aus Paris präsentiert. Also: Kein Haus im Rheingau bauen, dafür eine Wohnung in Wien mieten, aber »definitiv, ein für alle mal, zum letzten Mal einrichten«. Die räumliche Trennung sei kein Hindernis für seine Liebe zu ihr, die »ernst und innig« sei. Und ein paar Tage später, nachdem er die Wohnung gemietet hat, beteuert er mit vielen Ausrufezeichen: Dieser Schicksalszug wird uns »für immer vereinigen – Ich liebe Dich tiefinnigst! Laß das! Stolz! Die Tränen aus dem Auge. Du bist Mein! das Übrige – wird sich finden!« (10. 5. 63). In Penzing richtet er sich diese Wohnung mit orientalischem Luxus ein. Dienerpaar und Zofe, Arbeitssalon, Teezimmer, Speisezimmer, mehr als zehn Räume, größer und luxuriöser als seine Hofkapellmeister-Wohnung in Dresden und sein »Asyl« in Zürich. Wochenlang beschäftigt er Maurer, Maler, Tapezierer, Tischler; eine Putzmacherin erfüllt seine Kleiderwünsche: »Thronfolger-Schlafröcke«, Samt, Seide, Damast, schwere Farben. Er müsse so leben, damit seine Musik nicht nach Baumwolle und gesparten Talern aussehe. Fast alles wird auf Pump angeschafft, aber mit einem zweiten russischen Feldzug werde er alles bezahlen, dann soll Mathilde trotz der Mainzer Bigotterie und des »Familienrücksichtsgedünst« endlich zu ihm kommen, für immer. »Ach Kind, ich bin 50 Jahr! Da hat die Liebe nur noch ein Sehnen, das meines fliegenden Holländers: Ruhe nach Stürmen« (11. 5. 63). Es geht ihm gut in seinem Luxus, er schreibt mit vielen Küssen seinem »liebsten, seligsten Schatz«, aber er drängt sie nicht wirklich zu kommen. Nach der Vertreibung aus dem »Asyl« in Zürich und aus dem Nest in Biebrich fürchtet er eine weitere Katastrophe.

Und sie tritt ein. Die Russland-Pläne zerschlagen sich, in Deutschland werden seine Konzerte beklatscht, aber nicht honoriert. Im November sehen sich Wagner und Mathilde in Karlsruhe und Mainz. Doch das wahre Ausmaß seiner Not erfährt sie nicht. Er besucht Wesendoncks, bittet vergeblich um ein weiteres Darlehen und reist am 27. November weiter nach Mainz zu Mathilde. Von dort klagt er seiner Schwester Cäcilie: »Am besten wär's, ich wäre tot, denn eher hat es mit meinen Lebensnöten doch kein Ende.« Am nächsten Tag geben sich Richard und Cosima in Berlin ein Treueversprechen.

Von Berlin aus reist er zu Konzerten nach Breslau und Löwenberg. In Wien erwartet ihn das Zimmermädchen Maria Völkl; Mariechen soll ihn in der gut gewärmten und parfümierten Schlafstube in rosa Höschen empfangen. Er braucht nicht nur Geld, sondern auch Trost. Mathilde berichtet er von einer neuen Hoffnung auf Unterstützung, die ihm eine alte Freundin mache, und fügt beruhigend hinzu, dass diese inzwischen Großmutter sei. Er nimmt diese Hoffnung als Zusage, lebt weiterhin großzügig. Weihnachten 1863 beschenkt er Peter Cornelius verschwenderisch, feiert fröhlich Silvester. Drei Wochen später gesteht er Mathilde, dass seine Lage sehr kritisch sei, er den »Vorsatz nüchterner Beschränkung« habe, nur Frau von Bissing als »calmierendes Element« könne ihn retten, denn die Wunder, die ihn erhalten könnten, lägen nur im Herzen Einzelner. Dann stirbt auch diese Hoffnung und er flieht im März bei Nacht und Nebel vor seinen Gläubigern in die Schweiz. Ostern 1864 berichtet er Mathilde aus Mariafeld von seiner Flucht und seiner Situation bei Frau Wille, die zwar hässlich, ihm aber treu ergeben sei. Man rede ihm zu, sich scheiden zu lassen und eine vermögende Frau zu heiraten. Eine solche »mariage de raison« klinge doch sehr vernünftig. Sie, Mathilde, habe ja selbst den Einfall gehabt, reich zu heiraten, um ihm zu helfen. In der Nacht lässt ihn sein Ehrgeiz nicht los, er träumt, dass ihn Friedrich der Große neben Voltaire an seinen Hof berufen habe. Doch die Tage sind düster, Wagners Situation scheint aussichtslos zu sein. Erneut bittet er Mathilde um ein Untermietzimmer. Er hat den tiefsten Punkt seines Lebens erreicht. Doch wo die Not am größten, ist Gottes Hilfe am nächsten. Sein Gott heißt Ludwig II.

Mathilde schickt er am Tag nach seiner ersten Begegnung mit Ludwig II. den ersten Brief und das Bild des Königs. Den Brief soll sie sogleich zurücksenden, da es sich um das Original handelt, das er eifersüchtig hüte. Diese Tage im Mai 1864 sind ein einziger Gefühlsorgasmus. Er ist mir alles, jubelt er in einem Brief an Eliza Wille: »Welt, Weib, Kind« (26. 5. 64). Wagner glaubt, dass dieses Verhältnis keine Leiden und Qualen bringen werde und genießt das neue Leben und das Haus am Starnberger See mit seinen zweiundzwanzig Zimmern. Trotz allen Überschwangs orakelt er aber in dem Brief an Eliza Wille: »Ob ich dem ›Weiblichen‹ ganz entsagen werde können? Mit einem tiefen Seufzer sage ich mir, daß ich es fast wünschen müßte«. Er hätte auch schreiben können, es fehle ihm nichts außer ein Weib.

Am 22. Juni macht er Mathilde wieder einen Antrag; er ist noch deutlicher als der vom Januar: »Willst Du zu mir kommen und mein Haus führen? ... Mir kann König und Kaiser nichts bieten, wenn es nicht im Hause recht hergeht!« Sie könne oben wohnen und Bedingungen für ihr Zusammenleben stellen. Hauptsache: Sie komme. Nur drei Tage später schreibt er ihrer Mutter, dass er natürlich an Scheidung von seiner Ehefrau denke, aber das sei eine Grausamkeit, die er vor seinem Gewissen und der Welt nicht verantworten könne. Auch an die Adoption einer Tochter habe er gedacht, doch nur Mathilde begreife, was er brauche: »Ich bedarf eines weiblichen Wesens, welches mir zunächst die Besorgung meines Hausstandes abnimmt und endlich durch Bildung und Charakter mir nahe genug steht, um durch ihren freundlichen Umgang meinen geistigen und gemütlichen Bedürfnissen zu genügen.« Er garantiere Mathilde eine ehrenvolle Stelle und würdige Versorgung für ihr ganzes Leben. Im Falle des Todes seiner Frau – diesem frevelhaften Wunsch wolle er natürlich keine Nahrung geben – werde er um die Hand ihrer Tochter anhalten.

Das schreibt Wagner am 25. Juni. Vier Tage später folgt Cosima von Bülow mit ihren Töchtern Daniela und Blandine seiner Einladung. Der Besuch ist geplant, die Konsequenzen sind es sicher nicht. Hastig schreibt Wagner noch am gleichen Tag an Mathilde, sie solle sich über seinen Antrag nicht aufregen, der Mutter den Brief nicht geben, Ruhe bewahren, es werde sich alles fügen. Er sei allem Anschein nach wieder einmal zu schnell gewesen. Eine Änderung der gegenseitigen Lage solle es nicht geben, denn er brauche Ruhe und keinen Gemütssturm. Das bekräftigt er in den nächsten Wochen: Er wolle auf sie verzichten, sie nicht aus ihrem ruhigen Leben reißen, in das alte Gleis zurückkehren, also zu Freundschaft und Kameradschaft aus der Ferne.

Spätestens nach einem Besuch bei Wagner im Herbst 1864 weiß Mathilde, dass sich Wagner für Cosima entschieden hat. Für sie ist diese Beziehung zweier verheirateter Menschen »ein Sakrilegium«, doch kein Grund, mit Wagner zu brechen. Die Briefe werden seltener, der Ton wird ruhiger. Als sie ihm schreibt, sie fürchte, taub zu werden, tröstet er sie mit Beethoven und seiner eigenen Sehnsucht nach »Gehörruhe«. Mathilde wird wie ihre Mutter und Tante zunehmend unter Schwerhörigkeit leiden, aber nicht taub werden. Im Januar schreibt er ihr vertrauliche Briefe über die Zerrüttung der Bülow'schen Ehe – Cosima ist von ihm im siebten Monat schwanger – und meint treuherzig, Peter Cornelius sei der richtige Mann für sie. Doch Mathilde wird nie heiraten. Die Beziehung – »was ohne Begehren übrig blieb« – bleibt liebevoll. »Du stehst mitten im Kreise mit dem Liebsten, was ich hab«, schreibt Wagner ihr im Dezember 1866. Später übernimmt Cosima die Korrespondenz. Ihre Tagebücher protokollieren keine Qualen wie mit Minna, keine peinliche Distanzierung wie von Mathilde Wesendonck. Es gibt wenig zu verbergen. Mathilde nimmt rege an Wagners Leben teil und besucht jede Uraufführung seiner Opern. Sie stirbt am 29. Juni 1910 in Wiesbaden im Alter von siebenundsiebzig Jahren.

In einem der wenigen Briefe an Wagner, die von ihr als Abschrift erhalten sind, beschreibt sie ihr Empfinden: »Ich habe meine Mutter unaussprechlich lieb und kann's nicht ertragen, wenn sie leidet und gar durch mich... Für eine recht große Sache fände ich meinen Mut vielleicht wieder – vielleicht? Keiner soll es von sich sagen, der's nicht erprobt! Wenn dieser Mut nicht so selten wäre, würde ich ihn bei Ihnen nicht so sehr bewundern. Gerade dieser Hutten'sche Mut ist es, der Sie mir so hoch erhebt, weil ich ihn ganz beurteilen kann. Die Kunstidee, für die Sie kämpfen und die Kunstwerke, die Sie schaffen, kann ich nur genießen, nicht kritisieren, weil es mir an ästhetischer und besonders musikalischer Bildung fehlt.«

Mathilde ist keine Projektion einer Bühnenfigur. Sie verführt Wagner weder mit Leidenschaft noch mit Geld oder Musikverstand. Aber sie verkörpert mit ihrer jugendlichen Mischung aus Hausfraulichkeit und guter Bildung seine Sehnsucht nach Ruhe und Geborgenheit. Das hat er bisher nicht erlebt.

DIE VERLASSENE MINNA

So sanft und versöhnlich wird Minna nicht behandelt. Im Juni 1862 – vier Monate sind seit den zehn Tagen der Hölle in Biebrich vergangen, und Wagner hat Mathilde Maier näher kennengelernt – bittet er den Freund Dr. Anton Pusinelli, der sich als Arzt um Minna kümmert, seiner Frau eine Scheidung nahe zu bringen. Minna lehnt empört ab. Erschrocken versichert ihr Richard, alles sei nur ein Missverständnis. Eine Trennung, aber nicht eine gesetzliche Scheidung sei notwendig. »Nimm es nicht zu schwer, nimm es aber auch nicht zu leicht! ... Wir sind ... in einer schwierigen Periode des ehelichen Lebens angekommen, die bei unsren beiderseitig so höchst verschiedenen Charakteren und Anschauungen mit der höchsten Vorsicht durchgemacht und durchgestanden werden muß« (Brief vom 23.7.62). Er brauche Ruhe und Einsamkeit zum Arbeiten, sie Zerstreuung und Umgang mit Freundinnen. Erst in einem sorglosen Alter könne man an ein »ungetrenntes Beisammensein« denken. Wagner, der seine Freiheit ebenso schätzt wie ein ruhiges Heim und beides zum Arbeiten braucht, lässt sich ein Hintertürchen offen. Anfang November besucht er Minna in Dresden. Danach sieht sich das Ehepaar nie wieder. Sie haben sich nichts mehr zu sagen.

In Wien tröstet sich Wagner mit Friederike, gibt glanzvolle Konzerte in Wien, Prag Petersburg, Moskau. Aber die Einnahmen decken kaum seine Bedürfnisse. Er lebt wie ein orientalischer Fürst. In Geldsachen ist er wie ein kleines Kind: Was er in der Tasche hat, gibt er sofort aus. Immerhin bemüht er sich redlich, Minna ausreichend zu alimentieren. Die Freunde Hans von Bülow und Karl Klindworth raten zu einer Scheidung, lästern wieder über Minnas viele Kuren.

Die Korrespondenz mit Minna – ihre Vorwürfe, seine Beschwichtigungen – ermüdet Wagner. Im Juni 1863 schreibt er Natalie, Minna habe in allem recht, wie sie die Sachen sehe, nur er sehe sie eben anders; das sei das nicht zu kittende Unglück. Minna solle keine irrigen Erwartungen an ein Zusammenleben mehr hegen. »Ich werde nie daran denken, mich von ihr scheiden zu lassen. Ich werde allein bleiben, und niemand soll ihren Platz einnehmen. Nur zusammenleben können wir nicht wieder; es geht nicht! Es geht nicht!«

Doch Frauen braucht Wagner zum Leben. Fast zeitgleich tröstet er sich in Penzing mit Mariechen, schreibt sein Liebesbekenntnis zu Mathilde Wesendonck, hofft, dass Mathilde Maier zu ihm zieht und Harriet von Bissing ihn finanziell versorgt. Dann verkriecht er sich in Mariafeld bei Zürich und kommt dort, wie sich Eliza Wille erinnert, klagend und anklagend auf seine Frau zurück: »Unter meiner Frau und mir hätte alles gut gehen können! Ich hatte sie nur zu heillos verwöhnt und ihr in allem nachgegeben. Sie fühlte nicht, daß ein Mann wie ich nicht mit gebundenen Flügeln leben kann! Was wußte sie von dem göttlichen Rechte der Leidenschaft, welches ich in dem Flammentode der aus der Götterhuld verstoßenen Walküre verkünde! Mit dem Todesopfer der Liebe tritt die Götterdämmerung ein!« Seine Rhetorik scheint in der Not besonders zu glänzen. Das göttliche Recht auf Leidenschaft hat er seiner Frau früh ausgetrieben. Jetzt sitzt sie krank und einsam in Dresden. Von den Ereignissen in Wien und München, von Flucht und wunderbarer Rettung erfährt sie durch Freunde. Gerade einmal zehn Briefe sind aus den letzten zwei Jahren erhalten. Als Erstes schreibt Wagner seiner Frau im Mai 1864, dass er auf Grund seines sonderbaren Schicksals wieder für sie sorgen könne, ihre Schulden bei Freunden begleichen werde, sie sich nichts versagen und vor allem wieder eine Badekur machen solle. Dann schwärmt er ihr von dem »wirklichen Heiland« seines Lebens vor, betont, wie bescheiden er lebe, um nicht Missgunst und Neid zu erregen. Ihr Schicksal sei, zu seiner Zufriedenheit beizutragen, seines habe nur den höheren

Zweck seiner Werke. Und immer wieder fordert er Vergeben, Entsagen, Nachsicht, nur dadurch komme Erlösung aus Leiden und Leidenschaft. Minna weiß, dass er im größten Luxus lebt – in seinen fast krankhaft verschwenderischen Bestellungen an die Wiener Putzmacherin Bertha Goldwag tobt er wieder seinen Textilfetischismus aus – und sie nicht mehr braucht. Aber auch die Gerüchte, die sich um Cosima ranken, dringen zu ihr. Wagners Schwester Cäcilie tröstet sie: dass die Bülowsche Sippschaft nach München ziehe, beweise, dass sein Stern bald wieder erbleichen werde, denn dieses Volk trage entschieden zu seinem unsittlichen Wesen, zu seinem Unglück bei (Brief vom 22. 10. 64). Aber auch ein altes Trauma, wie sie dem Freund und Maler E. B. Kietz schreibt, lässt sie nicht los: Richard habe sie aus übertriebener alberner Eitelkeit gekränkt, »welche das erbärmliche, liederliche Frauenzimmer in ihm geweckt, wodurch er herzlos und bös gegen seine alte, dumme, treue Lebensgefährtin geworden ist. Leider geht er als Künstler unter, denn seitdem er sich von mir getrennt, hat er auch nichts mehr geschaffen, sein ganzes Leben löst sich in abgeschmackte, unwürdige, äußerliche Erbärmlichkeiten auf.« Wieder der Hass auf das »liederliche Frauenzimmer« Mathilde Wesendonck. Jessie hat das Eheleben irritiert, Mathilde hat es zerstört. Seit das Ehepaar im Juli 1861 in Paris die letzte gemeinsame Wohnung aufgelöst hat, sind fast vier Jahre vergangen, in denen Wagner in der Tat wenig komponiert hat. Die Ursache dafür sieht Minna in seiner Trennung von ihr. Im Mai 1865 vermacht sie alles, was sie hat, »ihrer geliebten Schwester« Natalie. Sie ist gekränkt, verbittert, einsam, während sich ihr Ehemann in königlichem Glanz sonnt. In seinem letzten Brief vom 5. Oktober teilt Richard ihr kurz mit, dass er keinen direkten Kontakt mehr wünsche und Dr. Pusinelli Dinge vermitteln und regeln werde, falls dies nötig sei. Das ist sein letztes Wort an seine Frau. Kein Mensch wisse, schreibt er seiner Schwester Luise Brockhaus, was er durch diese Heirat gelitten habe.

Anfang Dezember 1865 muss Wagner München verlassen. Seine Gegner greifen ihn auch als Ehemann an, der seine arme Frau hungern lasse. Trotz ihrer Verbitterung schreibt Minna ein Dementi: »Der Wahrheit die Ehre. In Folge eines irrtümlichen Aufsatzes in dem *Münchner Weltboten* erkläre ich der Wahrheit getreu hiermit, daß ich bis jetzt von meinem abwesenden Mann Richard Wagner eine Sustentation erhielt, die mir eine anständige sorgenfreie Existenz verschafft.«

Am 25. Januar 1866 stirbt Minna in Dresden im Alter von sechsundfünfzig Jahren. Die Beerdigung findet ohne Wagner statt. An Natalie, die sich bis zuletzt um ihre Mutter gekümmert hat, schreibt er, dass er den Grabstein besorgen und sie selbst weiterhin mit einer kleinen Summe unterstützen wolle. Er bittet sie auch um Rückgabe seiner Briefe an Minna. Das geschieht drei Jahre später. Minnas Briefe, die in seinem Besitz sind, verbrennt er wie die von Jessie, Mathilde und Friederike.

In seiner Autobiographie stellt Wagner die Ehe mit Minna ausführlich dar. Er verschweigt nicht die Tragik dieser Beziehung, die nicht an ihm, sondern an Minnas Unfähigkeit, seine Bedeutung als Künstler zu verstehen, gescheitert sei. Aber er banalisiert seine Ehe nicht wie seine Beziehung zu Mathilde Wesendonck. Cosima dagegen findet für Minna nur herabsetzende Worte, nennt sie einen Abgrund an Gemeinheiten, bebt über ihre Schamlosigkeit und bedauert Wagner, welch vergebliche Mühe er sich gegeben habe, dies niedrig gesinnte Wesen zu Edelsinn zu bringen (TCW 14.3.74). Wagner erwähnt in den Gesprächen mit Cosima fast ausschließlich die jungen Ehejahre: »Es war kein üppiger Trieb, sondern ein recht solider, der mich dazu trieb, und wirklich hat mich diese Ehe vor allen aufregenden Beziehungen bewahrt und nur mein künstlerisches Wesen in mir entwickelt; ich war 40 Jahre geworden, ohne an die Möglichkeit von ernsteren Beziehungen zu Frauen, wie z. B. die meinigen zu der Laussot, nur zu glauben; während deines Vaters

Seelenkräfte von frühester Zeit an in solchen Verhältnissen angespornt wurden, blieben die meinigen einzig auf meine künstlerischen Entwicklung gerichtet« (TCW 24. 6. 72). Mit vierzig hatte Wagner die ernsthafte Affäre mit Jessie hinter und die mit Mathilde unmittelbar vor sich. Die Ehe war kein Hindernis. Ein Grund für seine Heirat sieht Wagner auch darin, dass er sehr leichtsinnig und Minna anständig gewesen sei. Das sei in dem Theatermilieu ungewöhnlich gewesen und habe ihn angespornt. Daraus leitet er seine bekannte Ehedoktrin – zur guten Ehe gehöre Gleichheit der Intelligenz, nicht des Charakters – ab, die er oft wiederholt und variiert. Immerhin räumt er ein, dass ihn Minnas Charakter von vielen Dummheiten abgehalten und zum Arbeiten angehalten habe, und er bedauert sie, ihn geheiratet zu haben (TCW 21. 9. 81).

In den Nächten »rächt« sich Minna, verursacht Wagner viele Albträume, die Cosima in ihrem Tagebuch protokolliert. Manchmal sind es anekdotische, meist aber böse Träume, die ihm den Schlaf rauben. Zu den stehenden Träumen, so nennt er sie, gehören, dass er Minna kein Geld schickt, dass sie ihm entlaufen sei, sich »mausig« gemacht habe. Er träumt, dass er Minna beim Abschied erschreckt fragt, ob sie von ihm Geld erhalten hat? Als sie freundlich antwortet und sich herzlich verabschiedet, sagt er sich: »Nun wirst du ihr schriftlich besser sagen können, daß es nicht mehr geht, daß wir zusammen leben« (1. 3. 74). Dann immer wieder der alte Traum, dass sie noch lebe und Richard sich fragt, »mein Gott, wie soll das werden mit Cosima! Nun, die Frau kann nicht ewig leben« (18. 4. 74). Dann notiert Cosima Richards bösen Traum: »daß seine erste Frau ihn verhöhnte, daß er sie darauf schlüge, und sie sich vergifte und einige Tropfen des Giftes ihn bespritzten« (29. 10. 74). Schon Ende 1872 hofft Wagner, dass diese Träume aufhören, aber sie hören nicht auf: »Richard träumte, daß er bei Kundry ein Ballett-Divertissement angebracht, unter anderem einen Bolero; daß er seiner Frau und Minna vorspielen wollte, diese habe gleich bei der Begleitung große Augen gemacht und gemeint, es sei aus der *Stummen* (von Auber), worauf er: Dumme Liese, das ist ja bloß die Begleitung, hör doch erst die Melodie« (14. 8. 78). »Richard träumte, daß ihn Minna weinen gesehen hatte und daß sie dadurch ganz übermütig – sie glaube, es galt ihr – mit der Kaffeemaschine so hantiert hätte, daß er glaubte, sie sei wahnsinnig geworden« (18. 1. 83).

Dreißig Jahre besteht diese Ehe – bis der Tod sie scheidet. Nach stürmischem Beginn und gemeinsam ertragenen Hungerjahren wird schnell offensichtlich, dass Richard und Minna nicht nur in ihrer Intelligenz, sondern auch in ihrem Charakter zu verschieden sind. Im bürgerlich-moralischen Sinn ist er ein Schuft und sie eine betrogene Hausfrau. Minna hat die Moral auf ihrer Seite, Richard die Kunst. Auch er scheut nicht das Klischee aller fremdgehenden Männer: »Meine Frau versteht mich nicht« – womit er nicht unrecht hat. In den Träumen relativieren sich diese wechselseitigen Klagen und Anklagen. Das Unterbewusste ist mit Schuldzuweisungen vorsichtiger als das Leben.

Zweiter Teil:
Die Ehe mit Cosima von Bülow

DIE TOCHTER FRANZ LISZTS – DER STORCH

Der erste Akt dieser Beziehung dauert zehn Jahre, von der ersten flüchtigen Begegnung in Paris 1853 bis zum sogenannten Berliner Bekenntnis 1863. Es ist keine Liebe auf den ersten Blick, die Intensität der Beziehung wächst allmählich. Wagner ist fast fünfundzwanzig Jahre älter als Cosima. Am Ende dieses ersten Aktes scheint das Leben beider aussichtslos zu sein.

Cosima wird am 24. Dezember 1837 in der Villa Melzi in Bellagio am Comer See geboren. Sie entstammt einer skandalösen, ehebrecherischen Liebesbeziehung. Ihr Vater ist Franz Liszt, ihre Mutter Gräfin Marie d'Agoult, die unter dem Pseudonym Daniel Stern als Schriftstellerin und Historikerin berühmt wird. Ohne Rücksicht auf ihre adelige Familie und ihren Ehemann ist Marie d'Agoult dem aus kleinbürgerlichen Verhältnissen stammenden jungen Genie Franz Liszt gefolgt, der als Klaviervirtuose die europäische Damenwelt bezaubert. Sie heiraten nie, leben nie länger zusammen. Erst mit siebzehn Jahren lernt Cosima ihre Mutter wirklich kennen. Aber auch den Vater sehen Cosima und ihre Geschwister Daniel und Blandine viele Jahre nicht. Sie wachsen ohne Eltern, ohne Heimat bei Ammen, Gouvernanten, Privatlehrern auf. Zwar meint die Mutter, dass Cosima eine Künstlernatur habe und Pianistin werden sollte, aber der Vater will den Kindern sein eigenes Schicksal ersparen. Sie sollen eine solide Allgemeinbildung erhalten und einen ehrenhaften Gatten finden.

Von der Mutter erbt Cosima Radikalität in Lebensentscheidungen und Demut gegenüber dem Genie; vom Vater Aussehen, Virtuosität und Frömmigkeit. Zunächst lebt sie in Paris, später in Berlin. Sie spricht besser Französisch als Deutsch, lernt Klavier, Konversation, Manieren. Ihr Alltag ist bürgerlich ohne Bedienung, sie putzt und wäscht selbst, aber ihr Lebensgefühl ist das einer *grande mademoiselle*. Sie ist keine Schönheit wie ihre Schwester Blandine. Groß und hager gewachsen, ähnelt sie mit ihrer markanten Nase dem Vater. Für diese scharf geschnittene, monumentale Nase werden später alle Karikaturisten dankbar sein. Sie erhält den Spitznamen *Cigogne*, und wirklich ähnelt sie einem Storch mit ihrem dünnen Hals, der Form des Hinterkopfes und ihrer Nase, die an einen Schnabel erinnert. Diese wenig schmeichelhafte, harte Körperlichkeit steht im Widerspruch zu ihrem Wesen, das Sanftheit und Energie, Eleganz und Eloquenz verbindet, ihren souveränen Bewegungen und ihrer Neigung zum Exaltierten wie zum Pragmatischen. Der Storch verschwindet zunehmend hinter der *grande dame*.

Am 10. Oktober 1853 sehen sich Cosima und Wagner zum ersten Mal. Wagner liest in Paris einer kleinen Gesellschaft, darunter Liszt mit seinen beiden Töchtern und Hector Berlioz, den Text von *Siegfrieds Tod* vor, der späteren *Götterdämmerung*, Cosima ist noch nicht sechzehn, sie hat schlechte Augen, senkt den Blick. An diese Schüchternheit wird sich Wagner erinnern. Zwei Jahre später entscheidet Liszt, um jeden Einfluss der Mutter zu unterbinden, dass die Töchter von Paris nach Berlin umziehen, bei der Familie von Bülow wohnen und Schülerinnen des Sohnes Hans werden, der sie zu »guten Propagandistinnen der Zukunftsmusik« machen soll. Hans ist zum Kummer seiner Eltern seit dem Erlebnis der Uraufführung des *Rienzi* ein Anhänger Wagners. Er hat in Weimar bei Liszt studiert, der ihn seinen legitimen Erben von Gottes und Talentes Gnaden nennt. Im Oktober 1855 dirigiert er in Berlin die *Tannhäuser*-Ouvertüre »avec feu et noblesse«, wie die Töchter dem Vater berichten, aber er wird ausgebuht und erleidet einen Nervenzusammenbruch. In der Nacht tröstet ihn Cosima. Sie verloben sich heimlich. Hans ist fünfundzwanzig, Cosima noch nicht siebzehn Jahre alt. Verlobung und Heirat, die erst nach langem Zögern von Hans im August 1857 erfolgt, sind auch ein Akt der Dankbarkeit – ein Freundesopfer, wie Peter Cornelius es genannt hat, das Hans seinem verehrten Lehrer Liszt bringt, indem er seiner illegitim geborenen Tochter einen respektablen Namen gibt. Mit Cosima heiratet Hans auch das Ebenbild Liszts. Der bewunderte Lehrer und Vater ist der Hausgott der beiden. Doch er bekommt Konkurrenz.

Wagner, der Hans von Bülow als begeisterten und nützlichen Anhänger kennengelernt hat, lädt ihn ein, seine Flitterwochen mit Cosima in Zürich zu verbringen. Fast vier Wochen wohnen die Ehepaare Wagner und von Bülow gemeinsam im *Asyl*. Hans hat für seine junge Frau wenig Zeit, er besorgt die Reinschrift der *Tristan*-Dichtung und begleitet Wagner virtuos am Klavier, wenn dieser, was er gern und oft tut, alle Rollen in seinen Opern singt und spielt. Er liebe eben Cosima und Richard, bekennt Bülow; er feiere ungewöhnliche Flitterwochen, und seine Frau sei nicht einmal eifersüchtig. Cosima ist von Wagners Zutraulichkeit, seinen Manieren und seinem oft derben Humor befremdet, aber *Tristan*, *Rheingold* und *Walküre* ergreifen sie bis zum Weinen. Sie hört mit gesenktem Kopf zu und bleibt schweigsam.

In diesem September 1857 wohnen mit- und nebeneinander die drei wichtigsten Frauen in Wagners Leben: Minna, Mathilde und Cosima. Cosima beobachtet nur, sie spürt die Spannungen; sie bedauert Minna und spottet über Wagners Beziehung zu Mathilde Wesendonck: »un amour né de l'ennui, de la vanité et du besoin d'argent«. Im Jahr darauf, das Ehepaar von Bülow wohnt zum zweiten Mal im *Asyl*, in dem sich die knisternden Spannungen zu einer Katastrophe verdichten, urteilt Cosima nicht milder: Mathilde sei eine Goldfee mit süßlich hochgestimmter Miene, blass und unfähig, alte Bindungen aufzugeben, um sich ganz der Liebe hinzugeben und ihren Geliebten zu unterstützen. Das harte, aber nicht unberechtigte Urteil der zwanzigjährigen Cosima entspricht ihrem eigenen Charakter. Liebe bedeutet für sie immer, radikal zu denken und zu handeln, um den geliebten Mann zu unterstützen.

In diesem Sommer verliebt sich Cosima nicht in Wagner, sie versucht sogar bei Wesendoncks zu vermitteln. Doch die Musik Wagners, die Brüchigkeit der Beziehungen, die Gewitterschwüle der ganzen Situation lösen bei ihr exaltierte Panikattacken aus: Von Wagner verabschiedet sie sich mit »krampfhaft heftigen Zärtlichkeiten«. Sie ist so aufgewühlt, dass sie wenige Tage später von dem jungen Karl Ritter verlangt, sie während einer Bootsfahrt auf dem Genfer See zu ertränken. Diese fast tragische Episode imponiert Wagner. Nun hält er Cosima mit ihrem schwärmerischen, melancholischen Wesen und ihrem unkontrollierbaren Temperament für eine, wie er in *Mein Leben* schreibt, höhere Natur, auf deren weitere Entwicklung an der Seite ihres talentvollen, aber nicht bedeutenden Mannes er gespannt sei. Fortan erkundigt er sich in jedem Brief an Hans nach Cosimas Befinden.

Von Bülows kehren nach Berlin zurück, und Hans versichert Wagner, dass seine Frau keineswegs kindisch sei, sondern ihn liebe und verstehe, auch wenn ihre Gesprächigkeit vor ihm verstumme. Der Hausstand der jungen Eheleute ist bescheiden, aber gesellschaftlich anspruchsvoll. Selbst der musikalische Gott Berlins, Giacomo Meyerbeer, wird ihr Gast. Cosima lernt bald, die nützlichen Menschen zu binden und die nutzlosen zu ignorieren. Hans macht als Dirigent und Pianist Karriere. Auch die Geburt der Töchter Daniela Senta und Blandine Elisabeth ändert nichts daran, dass beide ihre Ehe vor allem als Pflicht empfinden.

Drei Jahre sieht Wagner Cosima nicht, aber sein Interesse für sie hält an. Er mahnt Hans: »Wache und sorge über sie«, denn der übelste Feind ihrer Gesundheit sei ihr Temperament. »Sie ist von gar zu außerordentlicher Herkunft und deshalb schwer zu hüten.« Im Sommer 1861 besucht er sie in Begleitung von Blandine und deren Mann während einer Kur in Bad Reichenhall. Die Schwestern sind glücklich, sich endlich wiederzusehen, und lassen die Männer links liegen. Ein weiteres Jahr vergeht, ehe Wagner Cosimas ganze

Aufmerksamkeit auf sich zieht. In Biebrich studiert er mit dem Sängerehepaar Schnorr von Carolsfeld den *Tristan* ein, auch Teile der *Meistersinger* erklingen zum ersten Mal. Hans begleitet am Klavier. Cosima ist selig. Als Wagner den Freunden »Wotans Abschied« aus der *Walküre* vorsingt, bemerkt er in Cosimas Augen denselben Ausdruck wie beim Abschied in Zürich. Nur sei das Ekstatische einer heiteren Verklärung gewichen. »Hier war alles Schweigen und Geheimnis« – so erinnert er sich in seiner Autobiographie. Anders als 1858 in Zürich ist die Stimmung heiter, ja übermütig. Wagner glaubt fest, dass Cosima ihm zugehörig sei. Beim Abschied in Frankfurt vergisst Cosima sogar ihre gute Erziehung und will sich zum Entsetzen ihres Mannes von Wagner in einem Schubkarren durch die Straßen fahren lassen.

In dieser Zeit hat sich Wagner zwar endgültig von Minna und Mathilde Wesendonck getrennt, aber er wirbt intensiv um Mathilde Maier und beginnt gleichzeitig eine kurze Affäre mit Friederike Meyer. Die Beziehung zu Cosima verliert in diesem Sommer ihre Unschuld, doch eine gemeinsame Zukunft scheint undenkbar. Der große Altersunterschied stört sie nicht, aber Cosima ist die Tochter von Liszt, ist mit Hans verheiratet und erwartet von ihm ihr zweites Kind. Mit ihr spielt man nicht. Sie sehen sich drei Mal, genießen die Begegnungen, sind zum Du übergegangen: »Sei mir gut, behalt mich lieb«, schreibt er ihr. Sie fühlen aber auch die Schwere ihrer Situation. In der Autobiographie schreibt Wagner von Abgründen. Im November 1863 übernachtet Wagner auf der Durchreise nach Breslau bei Bülows in Berlin. Während Hans Konzertproben hat, fahren Cosima und Richard allein in einer Kutsche durch die Stadt, beklagen ihre unglückliche Lebenssituation, gestehen sich ihre Liebe und verabreden eine gemeinsame Zukunft. Dieses viel zitierte Bekenntnis, »sich einzig gegenseitig anzugehören«, wirkt wie der Hilfeschrei zweier Ertrinkender. Sie klammern sich aneinander. Beide sind in ihren Ehen offen oder unausgesprochen gescheitert, beide fühlen sich heimatlos und grenzenlos unglücklich. Äußerlich ist Wagners Situation prekärer als die Cosimas. Otto Wesendonck hat einen neuen Kredit, Mathilde Maier die Rolle als Hausfrau abgelehnt. Doch dieses Berliner Bekenntnis, das später mystifiziert und dessen Jahrestag am 28. November gefeiert wird, hat keine praktischen Konsequenzen. Wagner hat nichts, was er Cosima und ihren Kindern bieten könnte. So kehrt er zu seinem »besten Schatz«, dem Stubenmädchen Maria Völkl, und seinen wachsenden Schulden nach Wien zurück. Cosima verharrt in ihrer Ehe, die sie und Hans nur noch als Missverständnis erleben. In Wien, nach dem endgültigen Scheitern der *Tristan*-Proben, ist Wagner am Ende. »Ich fühle bestimmt«, schreibt er im März 1864 an Cosima, »daß es nun bald vorbei sein wird.«

DIE FREUNDIN – DAS DELPHISCHE ORAKEL

Doch es kommt anders. Drei Monate später beginnt der zweite Akt dieser Beziehung. Er dauert von Juni 1864 bis zum November 1868. Diese Jahre sind reich an dramatischen Situationen, an Skandalen und Intrigen, Lug und Trug, an Helden und Bösewichtern, musikhistorischen Ereignissen und an einer großen persönlichen Tragödie.

Das Wunder seiner Rettung durch den bayerischen König teilt Wagner aller Welt mit. Sein Glück erfüllt ihn ganz, und er will es allein, ohne Aufregungen und ohne Anregungen, genießen. Auch Bülows sollen ihn, das schreibt er wiederholt an Hans, erst nächsten Sommer besuchen. Nur Hans braucht er als Vorspieler beim König. Von Cosima ist keine Rede. Doch Anfang Juni ändert er innerhalb weniger Tage seine Meinung: Alles sei anders, schreibt er am 9. Juni, Hans solle mit seiner Familie möglichst sofort kommen und, wenn er selbst noch verhindert sei, seine Familie voraus schicken. Wenige Tage später bittet er erneut Mathilde Maier, ihm das Haus zu führen und schließt eine spätere Ehe nicht aus.

Der Luxus verwirrt Wagner, er fürchtet sich davor, allein zu sein. Vor einem halben Jahr hatten er und Cosima geschworen, sich gegenseitig anzugehören, jetzt stellt er Mathilde die Ehe in Aussicht und bittet gleichzeitig Bülow, mit Familie zu kommen. Sollte Cosima die Rolle der ersten Mathilde übernehmen und die zweite Mathilde Minna ersetzen? Beide Frauen unter einem Dach? Wagner hat Glück. Die Frauen nehmen ihm die Entscheidung ab, Zürich wiederholt sich nicht am Starnberger See. Mathilde zögert, Cosima nicht. Ohne ihren Mann, er folgt eine Woche später, reist sie mit ihren Töchter am 29. Juni 1864 zu Wagner. An ihre Freundin Marie von Buch schreibt sie: »Ich bin seit drei Tagen hier und mir scheint, daß es bereits ein Jahrhundert sei und daß es dauern wird, wie lange weiß ich nicht.« Im Haus Pellet geht es nach dem Zeugnis von Anna Mrazeck, die mit ihrem Mann zur Dienerschaft gehört, turbulent zu: Frau Cosima habe sich damals an Richard Wagner hingegeben, ob sie sich auch an ihren Ehemann Bülow hingegeben habe, wisse sie nicht. Aber ihr Mann habe beobachtet, dass sich Herr von Bülow, als er Wagners Schlafzimmer verschlossen fand, weil sich Frau Cosima drinnen befand, auf den Boden nieder geworfen und mit den Händen und Füßen wie ein Wahnsinniger geschlagen und geschrieen, ja gebrüllt habe. Ungefähr neun Monate später kommt, während Bülow den *Tristan* probt, am 10. April 1865 eine Tochter zur Welt. Sie erhält den Namen Isolde. Wagner ist offiziell ihr Pate, bezweifelt aber nie seine Vaterschaft. Bülow verschließt sich dieser Tatsache und teilt einem Freund mit, dass er zum dritten Mal »Mutter« geworden sei, »wie die Berliner zu sagen pflegen, wenn sich Töchter einstellen«. In der offiziellen Geburtsurkunde steht: »von Bülow«. Juristisch ist der Vater *quem nupta demonstrat.* Hat Cosima mit beiden geschlafen oder lügt sie, um einen Skandal zu vermeiden? Vierzig Jahre später wird es dazu den peinlichen Beidler-Prozess geben.

Ohne Zögern, ohne Rücksicht auf ihren verehrten Vater hat Cosima Fakten geschaffen, die Ehe gebrochen. Wagner hat den Freund, den er als Musiker wie keinen anderen schätzt, dem er die Aufführung seiner Werke im Falle seines Todes anvertrauen würde, ohne jeden Skrupel betrogen. Moralische Maßstäbe gelten für ihn nicht. Ein Genie darf ein Schuft sein. Er empfindet keine Schuld, und darum entschuldigt er sich nie bei Hans. Im Übrigen sei die Bülow'sche Ehe eine tragische Ehe, er zerstöre kein Glück. Cosima dagegen fühlt sich schuldig, leidet physisch wie psychisch in den ersten Monaten ihrer Schwangerschaft. In einem Brief an Hans mystifiziert der werdende Vater Wagner diesen Zustand: »Cosimas leidender Zustand ängstigt auch mich. Alles was sie betrifft, ist außerordentlich und ungewöhnlich; ihr gebührt Freiheit im edelsten Sinne. Sie ist kindlich und tief – die Gesetze ihres Wesens werden sie immer nur auf das Erhabene leiten. Niemand wird ihr auch helfen, als sie sich selbst! Sie gehört einer besonderen Weltordnung an, die wir aus ihr begreifen lernen müssen« (30. 9. 1864). In irdischer Sorge scheint Wagner um seine Geliebte nicht zu sein; eher klingt das wie ein dramaturgischer Kommentar zu Isolde.

Länger als vier Jahre wird Cosima, beseelt vom Glauben, das Genie Wagner retten zu müssen, eine Scheinehe führen. Alle wissen Bescheid, Ehemann, Freunde, Feinde, nur der König will es nicht wissen. Wagner braucht ihn, um seine Ziele zu erreichen.

Die ersten Monate sind für Wagner und Ludwig wie ein Honeymoon, sie sehen sich täglich, jubeln wie Frischverliebte, nennen sich wechselseitig göttlich, erhaben, Heiland, Inbegriff der Seligkeit, Wonne des Lebens, Grund meines Daseins, Einziger, Heiliger – jede Anrede ein Dithyrambus mit vielen Ausrufezeichen. Glaubt man dieser Rhetorik, so kann man sich eine homoerotische Beziehung vorstellen. Eine Frau würde da nur stören. Cosima reagiert eifersüchtig, aber ihre Eifersucht ist gespielt, denn sie weiß, dass sie von Wagner schwanger ist und dass der König sie nicht ersetzen kann. So drängt sie ihren Ehemann, nach München zu ziehen. Wagner unterstützt sie, weil er Hans als Dirigenten für die Uraufführung des *Tristan* braucht.

Im Oktober schenkt ihm der König eine großzügige Wohnung in der Briennerstraße. Wagner nennt sie sein Schiff; er ahnt in aller Euphorie, wie schwankend der Boden in München sein kann. Im November ziehen Bülows nach München. Nun sind die Liebenden zwar nicht vereint, aber sie sind sich nahe. Nur Hans steht abseits, er ist elend, fast verloren, wie die Mücke, die sich im Licht verbrennt – so nennt ihn Wagner in einem Brief an Mathilde Maier. Im Februar 1865 wird das Glück erstmals getrübt. Wagners politische Gegner in der Königsfamilie, im Kabinett und im Klerus kennen seine politische Vergangenheit. Er hat viele Neider, die um ihre Pfründe fürchten, und seine Maßlosigkeit fordert alle heraus. Die Presse schreibt von chimärischen Plänen, sybaritischen Ansprüchen, von geradezu obszöner Ausbeutung der Gunst des Königs. Hinzu kommen Wagners Einmischung in politische Belange und Gerüchte über sein Privatleben. Diese explosive Mischung wird vorübergehend entschärft durch die Uraufführung des *Tristan* am 10. Juni 1865. Hans von Bülow als Dirigent und das Ehepaar Schnorr von Carolsfeld in den Titelrollen begeistern; sie beweisen endlich, dass das Werk aufführbar ist. Zwar schockiert die Neuartigkeit und Radikalität des Werkes, Kritiker schreiben von einem Paroxysmus, doch einige ahnen, dass sie ein musikhistorisches Ereignis erleben. Vier Töne, der sogenannte *Tristan*-Akkord, werden die Welt der Musik verändern. Natürlich ist Minna nicht eingeladen, aber es fehlen auch andere wichtige Wegbegleiter, vor allem Liszt und Wesendoncks. Das kränkt Wagner mehr als die Karikaturen in der lokalen Presse, für die das Werk das Abbild des realen Ehebruchs ist. Vor allem Hans von Bülow wird als der betrogene König Marke bloßgestellt. Doch davon unberührt sonnt sich Wagner an der Seite des Königs, und Cosima hält als Gattin des Dirigenten und als Freundin des Komponisten Hof.

Cosima hat nach der Geburt ihrer Tochter Isolde im April souverän alle Fäden in die Hand genommen. Am 25. Juni schreibt Wagner dem König, der Lebensfaden seiner wunderbaren, innig vertrauten Freundin, der Tochter seines Freundes Franz Liszts, webe »sich in dem Wunderbande, welches Sie, mein Herrlicher, mit mir verbindet.« Damit wird Cosima Teil der Trinität. Diese Zugehörigkeit betont Wagner immer wieder. Nun beginnt auch Cosima einen sehr intensiven Briefwechsel mit dem König. Schon im ersten Brief, mit dem sie dem König am 20. August zum Geburtstag gratuliert, formuliert sie ihr lebenslanges Thema: »Unsere Kunst ist Religion«. Cosima ist Teilhaberin geworden. Und nicht nur das. Man kann sie

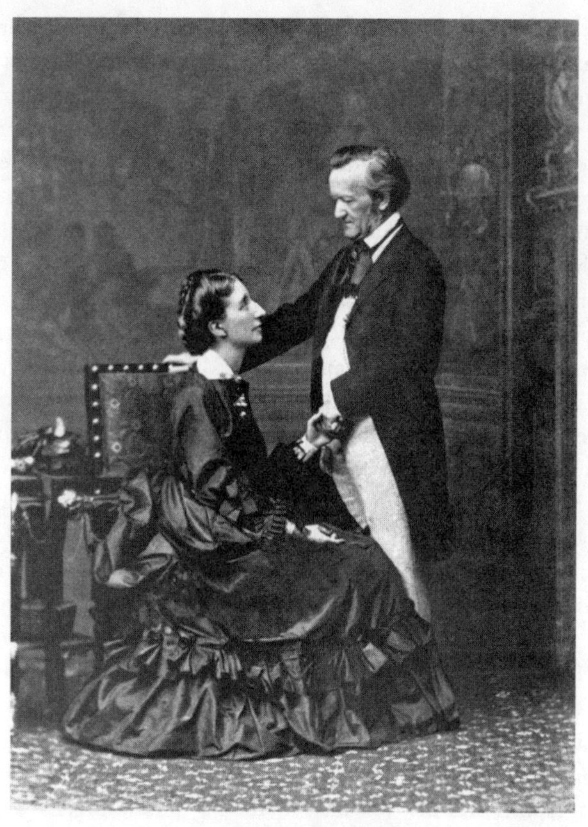

RICHARD UND COSIMA WAGNER
Photographie von Fritz Luckhardt, Wien 1872

auch als Chefsekretärin und Geschäftsführerin des Unternehmens Wagner bezeichnen. Sie hat keine Konkurrentinnen: Minna lebt verbittert und krank in Dresden und wird bald sterben, Jessie ist eine vage, Mathilde Wesendonck eine belastende, aber nicht störende Erinnerung, Mathilde Maier ist als gute Freundin neutralisiert.

Cosima wird in München gesellschaftsfähig, ist eine auffällige Erscheinung, bewundert und beargwöhnt zugleich. Pariser Chic, üppiges blondes Haar, hoch gewachsen, lange Beine. Sie hat nicht die polternde, direkte Art Wagners, sondern beherrscht, auch im Kontakt mit dem König, Diplomatie und Intrige. Sie besorgt den Umzug, versorgt die Kinder, beruhigt den reizbaren Ehemann, selektiert zum Missfallen von Wagners Freunden die Besucher, übernimmt die Korrespondenz, macht geduldig Abschriften von Manuskripten für den König und schreibt und beeinflusst Wagners Autobiographie, die er ihr ab Juli diktiert. Der König soll ein lebendiges und vor allem richtiges Bild seines Gottes, seines Wotans erhalten; er soll erkennen, dass alles in Wagners Leben nur ein Vorspiel für seinen Auftritt als Retter gewesen ist. Mit dieser Rettung endet auch *Mein Leben.* In Stichworten hält Wagner dann in seinen *Annalen* die Zeit fest, bis Cosima ganz zu ihm nach Tribschen zieht und ihr Tagebuch beginnt.

Auch Cosima sieht sich als Retterin. Auf der ersten Seite der Autobiographie sind die Versalien WRC eng verschlungen: Wagner-Richard-Cosima. Dem König schreibt sie, dass es ihr zur Notwendigkeit geworden sei, »dem Freunde Schritt für Schritt zu folgen, ihm zu helfen, wo ich kann«. Aber die Wahrheit über ihren Ehebruch, die alle kennen, erfährt Ludwig noch lange nicht. Aus dem »Storch« ist »la Dieudonnée«, ein »Delphisches Orakel«, eine »Brieftaube« geworden, aus der Bettgemeinschaft eine allumfassende Lebensgemeinschaft.

Im August lebt Wagner nur mit seinem Diener Franz in einer Jagdhütte des Königs auf dem Hochkönig. Dort schreibt er in Tagebuchform für Cosima glühende Liebesbekenntnisse: »Du bist die Seele meines Lebens... Bleibe bei mir, geh nicht wieder. Sag's dem armen Hans offen, daß ohne Dich es mit mir nicht mehr geht... Du bist mein Ein und Alles.« Das erinnert an das Tagebuch, das Wagner in Venedig für Mathilde Wesendonck schrieb.

Seit einem Jahr weiß Liszt, dass seine Tochter mit Wagner ein Verhältnis hat. Er missbilligt dies scharf, glaubt aber, die Ehe sei noch zu retten. Wagner, der Liszts Einfluss auf Cosima kennt und fürchtet, findet für ihn harte Worte – »Dein Vater ist mir widerwärtig« –, weil er versuche, sie von ihm zu trennen.

Im Oktober 1865 kommt es zu einem öffentlichen Skandal. Der König hat die Kabinettskasse angewiesen, Wagner nochmals 40 000 Gulden auszuzahlen. Die Beamten gehorchen zähneknirschend, informieren die Presse und händigen Cosima drei schwere Säcke mit Münzgeld aus. In zwei Fiakern bringt sie diesen, wie Zeitungen schreiben, Lohn für Liebesdienste ihrem »Kindsvater«. Im November eskaliert die Situation. Die Presse berichtet, dass Wagner den König seinem Volk entfremde, dass er die Entlassung zweier hoher Beamter fordere, die seiner Ausbeutung der königlichen Kabinettskasse im Wege stünden. Noch immer glaubt Wagner, sich des Königs sicher zu sein. Eine Woche verbringt er mit ihm allein auf Hohenschwangau. Wenige Tage später greift er in einem Zeitungsartikel in arroganter und peinlicher Art das bayerische Kabinett an. Der Angriff beschwört eine Staatskrise. Ministerpräsident von der Pfordten droht mit dem Rücktritt des gesamten Kabinetts, falls Wagner nicht München und Bayern verlasse. Der König gibt nach und bittet Wagner, vorläufig zu gehen. Die letzten Tage wohnt Cosima in Abwesenheit ihres Mannes bei Wagner in der Briennerstraße. Am frühen Morgen des 10. Dezember reist Wagner ab. Er sieht gespenstisch aus: bleiche, verworrene Züge, schlaffes, graues Haar.

Für Cosima bricht eine Welt zusammen. Peter Cornelius, der alles unmittelbar miterlebt, schreibt in seinen Erinnerungen, dass die Liebe zwischen Cosima und Richard für jeden offensichtlich sei, Hans von Bülow nur in der Einsamkeit Trost und Frieden finden könne. »Ob er überhaupt Wagner seine Frau gänzlich überlassen hat in einem hochromantischen Einverständnis? Hansens Benehmen wäre sonst nicht zu erklären.«

Wieder ist Wagner ein Flüchtling, ein Heimatloser, aber im Gegensatz zu Riga, Dresden, Zürich und Wien ein vom König gut alimentierter. In der Nähe von Genf mietet er für drei Monate das große Landhaus *Les Artichauts*, lässt es von seiner Wiener Putzmacherin gut ausstatten und nimmt die Komposition der *Meistersinger* wieder auf. Hier übermittelt ihm Cosima die Nachricht vom Tod seiner Frau. Jetzt ist er endlich frei.

In München kämpft Cosima vergeblich für Wagners Rückkehr. Herr von der Pfordten erklärt ihr, dass Wagner staatsgefährdend und eine Rückkehr für ihn ein Grund sei, um seine Entlassung zu bitten. Davor schreckt der König zurück. So reist Cosima im März nach Genf, um mit Wagner eine neue Heimat zu finden. Am 30. März 1866 entdecken sie in der Nähe von Luzern am Vierwaldstätter See Tribschen. Im April bezieht Wagner dieses großzügige Landhaus. Er wird dort sechs Jahre bleiben. Die Miete bezahlt der König. Inkognito kommt er zu Wagners Geburtstag und wohnt drei Tage in Tribschen. Auch Cosima ist mit ihren Kindern anwesend. Ludwig würde am liebsten dem Thron entsagen und mit Wagner zusammenleben. Davon allerdings ist Wagner nicht begeistert, er braucht einen König, der Macht hat, ihm zu helfen.

Erneut greift die Presse das Privatleben Cosimas und ihres Mannes an. Vergeblich fordert Hans den zuständigen Redakteur zum Duell heraus. Im Juni bittet er den König um seine Entlassung und geht im September nach Basel. Cosima schreibt Ludwig: »Ich habe drei Kinder, denen ich es schulde, ihnen den ehrenwerten Namen ihres Vaters fleckenlos zu übertragen.« Trotz dieser Lüge – Wagners Tochter Isolde ist älter als ein Jahr und Cosima ist von Wagner erneut schwanger – gibt der König für Hans und Cosima eine Ehrenerklärung ab, die ihm Wagner diktiert hat. Zwei Zeitungen drucken dieses königliche Handschreiben. Man spottet über den König, unterstellt ihm absichtliche Blindheit. Aber Ludwig will die Gerüchte einfach nicht wahr haben, glaubt der »Freundin des Freundes«. Diese ihm aufgezwungene Lüge, die ihn öffentlich blamiert, wird er Cosima nie verzeihen.

In den nächsten Monaten pendelt Cosima mit ihren Kindern zwischen München, Tribschen und Basel. Offiziell wohnt sie nicht bei Wagner. Sie führt, wie Wagner an Mathilde Maier im Dezember schreibt, ein Leben am Abgrund, jederzeit bereit, sich da hinein zu stürzen. »An solchen Wesen zerstäubt natürlich jede Weisheit: Die haben ihre eigenen Gesetze.« Aber er erkennt auch die Tragödie ihres Mannes, dessen Ehre wegen seiner Treue und Freundschaft zu ihm in den Schmutz getreten wird.

Im Januar 1867 sind zwar die politisch einflussreichen Gegner Pfistermeister und Pfordten entlassen, aber die Gerüchte und Intrigen reißen nicht ab. Die Sängerin der Isolde, die Witwe des plötzlich verstorbenen Ludwig Schnorr von Carolsfeld, zieht, wie Cosima dem König klagt, »die reinsten und edelsten Beziehungen in den Staub«, weil sie eifersüchtig sei und Wagner heiraten wolle.

Am 17. Februar gebiert Cosima in Tribschen Wagners zweite Tochter. Wagner arbeitet an der Orchesterskizze des dritten Aktes der *Meistersinger* und gibt der Tochter den Namen Eva. Dem König berichtet er von der Geburt, nennt die Wöchnerin »unsere arme, aufopferungsvolle Freundin«. Seine eigene Rolle verschlüsselt er sehr diskret in einem leicht veränderten Hans Sachs-Zitat. Noch immer darf der König die Wahrheit nicht kennen. Während seine Frau in Tribschen niederkommt, lebt Bülow wie ein Hund ohne

Heim, Herd, Familie. Großmütig verzeiht er ihr; sie antwortet, durchdrungen von ihrer Sendung: »Il ne faut pas pardonner, il faut comprendre.« Auf Betreiben Wagners wird Bülow zum kgl. Hofkapellmeister ernannt. Cosima versucht, den Schein zu wahren und lebt mit ihren Kindern viele Wochen bei ihrem Mann in München, aber auch viele Wochen bei Wagner in Tribschen.

Im Oktober 1867 besucht sie ihr Vater in München; vor diesem Besuch hat sie sich gefürchtet. Liszt erinnert sie daran, dass ihre Ehe nach katholischem Recht unauflöslich, dass Hans sein Schüler und musikalischer Erbe ist, eine Scheidung ihn zerstören würde. Cosima verteidigt sich nicht; es gehe nicht um sie, sondern um das Genie Wagner. Jeden Morgen um 6 Uhr besucht Liszt die Messe. Er bereitet sich auf ein schwieriges Gespräch vor, reist nach Luzern, um Wagner zu einem Verzicht zu bewegen. Sechs Stunden redet er allein mit seinem fast gleichaltrigen, zukünftigen Schwiegersohn. Auf dem Flügel liegt die *Meistersinger*-Partitur. Liszt beginnt prima vista zu spielen. Er ist überwältigt, Wagner tritt hinter ihn und singt die Partien. Sie vergessen alles. Auf der Rückreise sagt er seiner bangen Tochter, er habe Napoleon auf St. Helena gesehen. Wagner schaffe Meisterwerke, wahre Diamantenberge; für ihn gelte nicht, was für Durchschnittsmenschen gelte. Aber das Verhalten seiner Tochter verurteilt er weiterhin. Noch 1869 schreibt er ihr, dass er glaube, es sei nur eine Leidenschaft und dass die Gewissensbisse bleiben werden. Erst im September 1872 versöhnen sie sich.

Am 24. Oktober 1867 vollendet Wagner die *Meistersinger*-Partitur. Begonnen hatte er diese Oper sechs Jahre zuvor auf der Rückreise von Venedig; dort hatte er Wesendoncks getroffen und erkannt, dass Mathilde für ihn endgültig verloren war. Jetzt ist die Partitur fertig, und er schenkt sie dem König zu Weihnachten. Damit beruhigt er ihn, denn wenige Tage vorher hatte Ludwig gegenüber seinem neuen Sekretär Hofrat Düfflipp gedroht: »Sollte das traurige Gerücht also doch wahr sein, welchem Glauben zu schenken ich mich nie entschließen konnte, sollte also wirklich Ehebruch mit im Spiel sein? – Dann wehe!« Noch immer will er nicht glauben, dass der Freund und die Freundin ihn belügen und betrügen.

In diesem Winter wohnt Wagner viele Wochen bei Bülows in München, dann wieder in Tribschen. Mit dem König feiert er zum letzten Mal gemeinsam seinen Geburtstag und überwacht die *Meistersinger*-Proben. Am 21. Juni 1868 findet die Uraufführung statt. Die Begeisterung und den Jubel genießt Wagner an der Seite des Königs. Endlich kann er nach dreiundzwanzig Jahren, nach der Uraufführung des *Tannhäuser*, wieder einen großen populären Erfolg genießen. Für dieses Ziel haben er und Cosima die ganze Welt belogen, den König in Lügen verstrickt und ihn blamiert. Jetzt will Wagner eine möglichst schnelle Scheidung. Cosima hofft noch immer auf eine sanfte Trennung. Hans ist am Ende seiner Kräfte. Die Bravorufe, die auch ihm gelten, wirken auf ihn wie Hohn. Er hasst sich selbst, weil er Wagner, diesem musikalischen Rattenfänger, nicht widerstehen kann. Er schwört, nie wieder ein Werk Wagners zu dirigieren. Diesen Schwur wird er brechen, aber er wird Wagner nie wiedersehen.

Den Sommer verbringt Cosima wieder in Tribschen. Die Angriffe auf sie lassen nicht nach. Im September reisen Richard und Cosima drei Wochen ins Tessin und besprechen ihr zukünftiges Leben. Cosima schreibt ihrem Mann, dass sie ganz zu Wagner ziehen werde. Auf der Rückreise zeugen sie, vermutlich auf dem St. Gotthard, ihr drittes Kind. Im Oktober bespricht Cosima mit ihrem Mann die Trennung und zieht am 16. November, zunächst nur mit ihren beiden jüngeren Töchtern, endgültig nach Tribschen.

Der dritte Akt spielt ausschließlich in Tribschen am Luzerner See und dauert bis zum April 1872. Tribschen ist eine Insel der Seligen, wie es der junge Friedrich Nietzsche empfindet. Die Liebenden sind vereint, ihr Bund wird legalisiert. Doch die Vergangenheit und das Grollen der Welt erreichen auch diese Idylle. Zunächst gehen, auch um Hans zu schonen, die Lügen weiter. Dem König schreibt Cosima zwar, dass sie »dem Freund« ihr ganzes Leben geweiht habe, aber nicht, wohin sie sich zurückgezogen hat. Immer noch bemüht, den Schein zu wahren, will sie sogar für zwei Monate nach München zurückkehren. Sie ist zerrissen von ihrer Mission, Wagner zu retten, und ihrer Schuld, Hans zu verlassen. Dieser lebenslange Zwiespalt, die Anbetung Wagners und die schuldbeladene Klage über das Schicksal Bülows, ist ein zentrales Thema in Cosimas Tagebuch, das sie am 1. Januar 1869 beginnt und einen Tag vor Wagners Tod beendet. Sie schreibt es für ihre Kinder und eignet es besonders ihrem Sohn zu. Dieses intime Tagebuch von fast fünftausend Seiten wird lange unter Verschluss gehalten und erst 1976/77 publiziert. Es dokumentiert die Trivialitäten des Alltags wie den Lauf der Welt, die hellen und dunklen Seiten Wagners, den Umgang mit Freunden wie mit Feinden, die Bewunderung wie die Verspottung musikalischer und literarischer Werke, die Vollendung von *Ring*, *Parsifal* und die Entstehung der Bayreuther Festspiele. Vor allem aber leuchtet es tief in Richards und Cosimas Seelenzustände hinab, dokumentiert ihre Träume und Alpträume. Es ist ein Pandämonium von Feigheits-, Betrugs-, Renommier- und Verlassensträumen. Immer wieder – das beginnt schon vor der Hochzeit und endet erst mit dem Tod – träumt Richard, dass Cosima ihn verlässt.

Gleich am ersten Tag dieser Aufzeichnungen schreibt Cosima,

dass sich im letzten Jahr äußerlich vollzogen habe, was sie seit 1863 beseelt habe: ihre Zugehörigkeit zu Wagner. Vorher sei ihr Leben ein wüster Traum gewesen, die Ehe mit Hans ein großes Missverständnis. Sie ist zu jedem Opfer bereit, werde Richard bis in den Tod folgen oder auf ihn verzichten, wenn ein Engel ihr sagen würde, dass sie überflüssig sei. Aber sie kennt niemanden, der ihn so liebt wie sie ihn liebt. Sie ist sich ihrer Rolle sicher. Wagner nennt sie »mein Abgott«, kniet vor ihr und versichert, dass nie, seitdem die Welt bestünde, ein Mann in seinem Alter ein Weib so geliebt habe, wie er sie. Sie sprechen über Heirat und Konfessionswechsel. Am 7. April teilt Cosima dem König endlich mit, dass sie in Tribschen lebe. Sie hat ihre »Reklusion«, ihre Einsperrung aufgegeben. Nun schickt Bülow auch seine beiden älteren Töchter zu ihrer Mutter und bittet den König um Entlassung, da seine Position in München unerträglich geworden sei. Dem immer noch »verehrten Meister« schreibt er, dass ihm die Anhäufung von Ärgernissen, Enttäuschungen, Gemeinheiten jeder Art jede Lebenslust zerstört habe, dass er glaube, wahnsinnig zu werden. Jede dieser Nachrichten zerreißt Cosima das Herz: »Daß ich Hans verlassen mußte, dünkt mich grausam, ich muß mir dann sagen, wem diese Grausamkeit galt. Auch empfinde ich es deutlich, wie eine Gottheit in mir waltet, die mich bestimmt hat, und daß ich nicht gewollt und gewählt habe. Aber ich verdenke es keinem Menschen, der nicht sieht, wie ich sehe, und nicht den Glauben hat, den ich habe, und der mich verdammt. Gern und leicht will ich den Abscheu der Welt tragen – Hans' Leiden aber benimmt mir jede Freude« (TCW 21.5.69).

In diesen Tagen erreichen das Glück des einen und das Unglück des anderen ihren Höhepunkt. Am 6. Juni bringt Cosima den Sohn Siegfried zur Welt. Richard notiert alles mit feierlicher Ergriffenheit. Er zerfließt in Tränen, er hat endlich einen Erben. Seine Seligkeit ist größer und vor allem inniger als bei allen Theatererfolgen und Liebeserlebnissen. Jubelnd notiert er den *Siegfried*-Schluss

»Leuchtende Liebe, lachender Tod« und komponiert in großer Dankbarkeit für Cosima das *Siegfried-Idyll.* Diese zarte, innige Musik schenkt er ihr zu ihrem dreiunddreißigsten Geburtstag.

So ungeteilt selig wie der Vater ist die Mutter nicht. Am ersten Jahrestag schreibt sie in ihr Tagebuch: »Mein Kind, mein Sohn, deine Geburt – mein höchstes Glück – hängt mit der tiefsten Kränkung eines anderen zusammen, dies war meine Daseins-Schuld, vergiß dieses nie, erkenne darin das Bild des Lebens und büße es ab, wie du kannst. Sei aber gesegnet von mir als die Verwirklichung des seligsten Traumes.« Nur neun Tage nach der Geburt Siegfrieds schreibt sie an Hans den »schmerzhaftesten Brief« ihrer Ehe: »Ich bin die Ursache des Trümmerhaufens, ich bin die Schuldige, Dein Unrecht besteht nur darin, mich geheiratet zu haben.« Sie bittet ihn, die Scheidung ohne Hass zu vollziehen, die Kinder erziehen zu dürfen und in Verbindung zu bleiben. Ihr Mann antwortet ihr am 17. Juni mit einem Brief in französischer Sprache, der fast ein Liebesbrief und an Noblesse kaum zu überbieten ist. Zum letzten Mal nennt er sie »Chère Cosima«, später nur noch »Madame«: »Seitdem Du mich verlassen hast, hat mir der einzige Halt in meinem Leben und Kampf gefehlt. Dein Geist, Dein Herz, Deine Freundschaft, Deine Geduld, Deine Nachsicht, Deine Sympathie, Deine Ermutigungen, Deine Ratschläge und allem voran Deine Gegenwart, Dein Blick, Dein Wort, all dies bildete und bestimmte die Basis für mein Leben. Der Verlust dieses höchsten Gutes, dessen Wert ich erst nach dem Verlust erkenne, und der mich moralisch und künstlerisch zugrunde richtet, läßt mich erkennen, ich bin ein Bankerotteur... Du hast vorgezogen, Dein Leben und die Schätze Deines Geistes und Herzens einem Wesen zu weihen, das in jeder Beziehung überragend ist, und weit entfernt, Dich zu tadeln, billige ich unter allen Gesichtspunkten Deinen Schritt und gebe Dir vollkommen recht.«

Diesen Brief schreibt Bülow, während er »auf Allerhöchsten Befehl und zu höchster Wut des abwesenden Komponisten« *Tristan und Isolde* neu einstudiert. Er sieht darin einen fatalistisch richtigen Sinn seines eigenen Schicksals, der sogar einen gewissen Chic habe. Eine Profanation, wie Wagner meint, seien die Aufführungen nicht, sie seien besser als jede bisherige einer Wagner-Oper. Er dirigiert zwei Vorstellungen, erledigt seine Pflichten in der Musikschule und verlässt München. Ende Juli bittet er seinen Freund Carl Bechstein in Berlin um Empfehlung eines Anwaltes, denn eine einvernehmliche Scheidung, die er vorziehe, sei nicht möglich. Er müsse aus juristischen Gründen wegen böswilligen Verlassens klagen. Seine Existenz sei über jede Vorstellung scheußlich, er habe jahrelange Pein auch aus Pietät gegenüber Liszt geduldet. Sogar Blausäure hätte ein Ausweg sein können. Justizrat Simson übernimmt den Fall. Ein Jahr zieht sich der Prozess hin.

In einem Brief an Cosimas Stiefschwester Gräfin de Charnacé fasst Bülow am 15. September 1869 sein »Dasein voll endloser Qualen« zusammen: Er habe in München die Hölle durchgemacht, sein künstlerisches und gesellschaftliches Leben geopfert und wäre auch vor dem letzten Schritt, einem Selbstmord, nicht zurückgeschreckt, wenn er bei Wagner, »der ebenso erhaben in seinen Werken wie unvergleichlich abstoßend in seiner Handlungsweise ist, das geringste Zeichen einer loyalen Regung, das flüchtigste Auftauchen des Wunsches bemerkt hätte, anständig und ehrlich zu handeln«. Wenn Cosima die Beziehung zu ihrem Geliebten legalisiert habe, werde sie nicht länger gezwungen sein, vom Morgen bis zum Abend zu lügen. Aus der Zeitung habe er von der Geburt Siegfrieds erfahren, damit sei das Gebäude seiner Hörner gekrönt. Von diesen Tiefschlägen erholt sich Bülow nur allmählich. Er wird wieder heiraten und in Meiningen, Hamburg und vielen anderen Orten als Dirigent und Pianist reüssieren.

In Tribschen erzieht Cosima die Kinder und korrespondiert nun offen mit aller Welt; aber sie leidet unter ihrer Schuld. Richard überhaupt nicht. Er genießt seinen stark wachsenden Ruhm, viele Besuche und sein Familienleben. Nun hat er einen Erben und kann heiraten. Er sonnt sich in der Bewunderung der bildschönen Judith Gautier und des gescheiten Friedrich Nietzsche. Beide sind jung und begeisterte »Propagandisten« Wagners. Sie kommen häufig zu Besuch und werden tiefe Spuren in Wagners Leben hinterlassen. Nietzsche bekommt eine Denkstube, schwärmt für Cosima, soll Siegfrieds Erzieher werden und schreibt seine enthusiastische Schrift *Die Geburt der Tragödie aus dem Geist der Musik.* Nach 1872 wächst die Entfremdung; davon kann im Falle Judiths keine Rede sein.

Die Beziehung zum König ist abgekühlt. Sie lästern über dessen ekstatische Phrasen und grollen ihm, dass er gegen Wagners Willen die Uraufführungen von *Rheingold* und *Walküre* befiehlt. Am Jahrestag ihres Berliner Treueschwurs notiert Cosima in ihrem Tagebuch am 28. November 1869: »Heute vor 6 Jahren kam Richard durch Berlin, und da fand es sich, daß wir uns liebten; damals glaubte ich, ich würde ihn niemals mehr sehen, wir wollten gemeinsam sterben.« Nun aber heiraten sie: Mitte Juli 1870 wird Cosimas Ehe in Berlin geschieden, am 25. August folgt die Trauung in der protestantischen Kirche in Luzern und zehn Tage später Siegfrieds Taufe in Tribschen. Es sind stille Familienfeste mit nur wenigen Freunden, übertönt durch die Nachrichten vom Krieg zwischen Deutschland und Frankreich. Auch die Vergangenheit lässt sie nicht los: Richard träumt von Minna, die frech und böse gegen ihn gewesen sei; er habe sich ihrer nur erwehren können, indem er ihr zuschrie: »Du bist ja tot«. Cosima zelebriert am Hochzeitstag ihr Trauma: »Meine Andacht hat sich auf zwei Punkte gesammelt: R.s Wohl, daß ich es stets befördern konnte; Hansens Glück, daß es ihm fern von mir beschieden sei, ein heiteres Leben zu führen« (TCW 25. 8. 70). Als das Jahr endet, verzaubert Richard sie am frühen Morgen des 25. Dezember mit seinem symphonischen Geburtstagsgruß. Heimlich hat er das *Siegfried-Idyll* komponiert und führt es jetzt im Treppenhaus von Tribschen auf. Es ist sein Liebes- und Dankeslied an die Mutter seines Sohnes. Cosima ist so tief ergriffen, dass sie sterben möchte; Richard wehrt ihre Rührung ab und meint, es sei leichter, für ihn zu sterben als für ihn zu leben.

Mit nationalem Stolz verfolgen beide den deutsch-französischen Krieg, begeistern sich für Bismarck, feiern den Sieg in der Schlacht bei Sedan und die Gefangennahme Napoleons III. als Taufgeschenk für Siegfried. Die Kaiserkrönung in Versailles und die Kapitulation bejubelt Wagner mit schlechten Gedichten und einem *Kaisermarsch*. Der Revolutionär von 1849 wandelt sich, von der französisch erzogenen Ehefrau nach Kräften unterstützt, zum Reichsdeutschen und wird es bleiben, solange er Reichshilfe erhofft. Als diese nicht eintrifft, wird aus dem Reichsgründer Bismarck ein »Sauhetzer«.

Als Gründer versteht sich auch Wagner. Parallel zur Reichsgründung konkretisieren sich seine Festspielpläne. Er sucht eine kleine attraktive Stadt, verhandelt mit Baden-Baden und vielen anderen Orten. Im Februar 1871 ist die Partitur des *Siegfried* fertig, im April reist das Ehepaar erstmals ins neue Reich, kommt über München und Nürnberg nach Bayreuth, um zu prüfen, ob das dortige Markgräfliche Opernhaus für ihre Pläne geeignet ist. Das Opernhaus ist ebenso schön wie ungeeignet. Doch die Stadt macht einen lieblichen Eindruck, und die Bevölkerung gerät über den berühmten Gast sogleich in Aufruhr. Das gefällt ihnen sehr. Sie beschließen, hier das Festspielhaus und ein Wohnhaus zu bauen. Dann kehren sie, nachdem Wagner in seiner Geburtsstadt Leipzig die Festspiele für 1873 angekündigt hat, nach Tribschen zurück. Die Komposition der *Götterdämmerung* muss vollendet werden.

Die Reisen nach Berlin, Wien, London und vielen anderen Städten, immer werbend und dirigierend für das Bayreuther Unternehmen, werden sich in den nächsten Jahren wiederholen. Wagner wird viel Geld einsammeln, aber natürlich wird es nicht reichen. Anders als Minna ist Cosima immer an seiner Seite. Wenn Richard merkt, wie sie an ihren Schuldgefühlen leidet, weint er mit ihr, überschüttet sie mit Liebesbeteuerungen: Sie sei sein Märchen, sein Traum, für ihn die Offenbarung alles Guten und Schönen.

Im Spätherbst handelt der Stadtrat von Bayreuth erstaunlich weitblickend und zügig und stellt kostenlos Grundstücke zur Verfügung. Am 22. April 1872 verlässt Wagner Tribschen und zieht nach Bayreuth. Cosima ordnet Papiere, liest Richards Briefe an Minna, empfängt Nietzsche zu einem letzten Besuch und nimmt wenige Tage später mit den fünf Kindern, Hauspersonal und Hund Abschied von dieser Insel der Seligen: »Alles war hier schön, selbst das Schwere.« In Bayreuth erwartet sie Wagner. Er nennt sie, wie sie stolz im Tagebuch festhält, seine Lebenskraft.

Der vierte Akt krönt und beendet Wagners Leben. Cosima scheint alles zu beherrschen, alles zu regeln, doch spät entdeckt sie, dass dies eine Illusion ist.

Knapp elf Jahre leben Richard und Cosima in Bayreuth, werden sesshaft und verwirklichen die Festspielidee. An Wagners Geburtstag feiern sie mit dem *Kaisermarsch* und Beethovens Neunter im Markgräflichen Opernhaus die Grundsteinlegung des Festspielhauses. Viele Freunde sind gekommen, viele fehlen. Es regnet in Strömen, doch die Stimmung ist euphorisch trotz vieler verletzter Eitelkeiten. Wagner-Vereine und Patronatsgesellschaft werden gegründet, der Finanzbedarf ist enorm. Wagners Pläne missfallen Ludwig, aber in seinen Briefen nennt er sie »gottvoll«. Mehrfach wird er noch Schenkungen und Darlehen gewähren. Andererseits klagt Wagner über die Schmach, von diesem König, von dem man, wie er prophetisch sagt, eines Tages eine Wahnsinns- oder Todesnachricht erhalten würde, abhängig zu sein. Das Verhältnis ist verlogen, die überschwängliche Rhetorik nur noch hohl.

Im September versöhnen sich Richard und Cosima mit Liszt in Weimar. Es ist das erste Wiedersehen seit 1867. Cosima ist besorgt um ihren Vater und seine »Seelenmüdigkeit«. Sie ist stolz, wenn Richard ihren Vater rühmt, dass dieser als Erster an ihn geglaubt, ihm geholfen und ihn ermutigt habe, seinen *Ring* so zu realisieren, wie einst das Domkapitel in Sevilla eine Kathedrale bauen ließ, über die zukünftige Generationen sagen sollten, dieser Auftrag sei närrisch gewesen. Dieser Ansporn zur Maßlosigkeit und damit zu ewigem Ruhm gefällt Wagner natürlich. Aber er ist auch eifersüchtig auf Liszt, da er weiß, wie sehr Cosima ihren Vater liebt. Wenn er gar abfällig über Liszt redet, ihm später sogar keimenden Wahnsinn attestiert, dann wagt Cosima zu widersprechen.

Es fällt ihr schwer, dem Vater ihren bevorstehenden Religionswechsel zu gestehen, aber entschlossen nimmt sie am Reformationstag 1872 mit Richard das heilige Abendmahl. Dieser Akt bedeutet ihr fast mehr als die Trauung.

Dann reisen sie wieder gemeinsam durch Deutschland und Europa, suchen Künstler, sammeln Geld, treffen die englische Königin und den deutschen Kaiser, nur den bayerischen König nicht. Doch der gibt, als das Festspielhaus eine Rohbauruine zu werden droht, wieder ein Darlehen. Großzügig finanziert er auch Wahnfried, wo Wagners Wähnen im einundsechzigsten Lebensjahr Frieden finden soll. Am 28. April 1874 zieht die Familie ein, es ist Wagners erstes eigenes Zuhause. Im Mondschein schaut das Ehepaar vom Balkon auf die Grabstelle im Garten. Gemeinsam wollen sie sterben, gemeinsam hier ruhen. »Zum letzten Glück« nennt Richard das Haus, in dem nicht er, sondern Cosima sterben wird – siebenundvierzig Jahre nach seinem Tod.

Einen künstlerischen Schlussstein setzt Wagner am 21. November. 1848 hat er die ersten Ideen, 1850 die erste Musik zum *Ring* skizziert, ab 1869, nach Cosimas Einzug in Tribschen, kontinuierlich an der Partitur gearbeitet und jetzt dieses gewaltige Werk von fünfzehn Stunden Musik abgeschlossen. Am Tag zuvor notiert Cosima, im Traum habe sie mit Richard der zwei kleinen Mädchen wegen abgemacht, Hans wieder zu heiraten; Trauung mit weißem Kleid, bunte Blumen am Rand. »Richard bleich, stumm, eigentümlich strahlend, wollte sich entfernen, krampfhaft hielt ich ihn fest, laut schreiend, bis ich erwachte.« Dann kommt der »dreifach heilige, denkwürdige Tag«. Cosima zeigt ihrem Mann einen freundlichen Brief ihres Vaters. Richard braust auf, er habe heute die Partitur der *Götterdämmerung* beendet, aber ein Brief ihres Vaters wische jede Teilnahme für ihn weg. Er ist tief gekränkt; Cosima verbringt den Tag in Tränen: »Daß ich unter Schmerzen mein Leben diesem Werk geweiht habe, erwarb mir nicht das Recht, seine Vollendung in Freude zu feiern« (TCW 21. 11. 74). Ihrem Mann gegenüber schweigt sie, faltet dankbar die Hände und badet in ihrem Schmerz: Leiden ist ein Segen. Fast zwei Wochen schreibt sie nichts in ihr Tagebuch.

Die nächsten Monate sind ruhelos. Richard plagen Herzattacken, Magenkrämpfe, Schlafstörungen. Aber das Ehepaar funktioniert perfekt: Theater, Finanzen, Organisation, Proben sind seine Aufgaben, sie kümmert sich um Kinder, Haushalt, Besucher, Kontakte, Gesellschaften. Sie wird Wagners »Allerseelenweib«, seine Markgräfin von Bayreuth. Nach Vorproben, Proben und Generalproben, die König Ludwig inkognito besucht, werden am 13. August 1876 die ersten Bayreuther Festspiele mit *Rheingold* eröffnet; bis zum 30. August wird der *Ring* dreimal aufgeführt. Die Premiere besuchen der deutsche Kaiser, der als »Kartätschenprinz« den Aufstand in Dresden 1849 niedergeschlagen hatte, viele Damen der Aristokratie, Maler, Musiker, Freunde; auch Wesendoncks, Liszt, Nietzsche und Judith Gautier sind da. Die internationale Presse staunt, die deutsche spottet. Noch immer polarisiert Wagner, und das wird sich bis in die Gegenwart nicht ändern. Tief enttäuscht reist Nietzsche ab. Die Wirklichkeit bleibt weit hinter seinem Ideal zurück. Richard und Cosima erklären den Abfall ihres Zukunftsphilosophen mit Krankheit. Später wird Nietzsche zwar vom *Parsifal*-Vorspiel schwärmen, Wagner mit Dante vergleichen, das Werk aber insgesamt eine »Geschmackskondeszenz« an die katholischen Instinkte der Tochter von Franz Liszt nennen. Trotzdem bleibt Cosima für ihn das einzige Weib größeren Stils, eine Autorität in Fragen des Geschmacks, und in der Zeit der Umnachtung notiert er: »Ariadne, ich liebe dich. Dionysos«. Für sie sind das Spasmen der Impotenz.

Gesellschaftlich sind die Festspiele ein großer Erfolg. Selbst der deutsche Kaiser staunt, dass Wagner sein ehrgeiziges Ziel erreicht hat. Cosima hält Hof in Wahnfried, genießt den Ruhm, notiert stolz den Ausspruch der Schriftstellerin Malwida von Meysenbug: Ohne sie hätte es die Festspiele nie gegeben. Wagner reagiert zwiespältiger als seine Frau. Als die Jubelfeiern verhallt sind, die Festspiele wegen eines großen Finanzdefizits nicht wiederholt werden können, klagt er heftig über diese »Narrenlaune«. Auch für ihn klaffen Wirklichkeit und Ideal weit auseinander. Mit den musikalischen Leistungen ist er zufrieden; der Rest sei grauenvoll: Rummel statt Konzentration, ein Amüsierbetrieb für die Oberschicht statt des erträumten Volksfestes, auf der Bühne ethnographischer Unsinn statt idealer Täuschung. Nun müsse er, meint er selbstironisch, sein unsichtbares Orchester durch ein unsichtbares Theater ergänzen. Noch besser wäre es, wenn seine beiden »Boutiquen«, Wahnfried und Festspielhaus, abbrennen würden. Ein gewaltiges Arsenal von Alpträumen schleppt er mit sich – und ein süßes Geheimnis.

JUDITH GAUTIER – EIN SPÄTER ORKAN

Judith Gautier ist jung, schön und als Schriftstellerin erfolgreich wie keine andere Frau in Wagners Leben, in das sie 1869, ähnlich wie Jessie Laussot, wie ein Frühlingssturm einbricht. Zum »ouragan«, so ihr Spitzname, zum Orkan für Wagner wird sie sieben Jahre später.

Judith wird am 24. August 1845 in Paris geboren. Ihr Vater Théophile Gautier engagiert sich für Wagner. Als Fünfzehnjährige erlebt sie den *Tannhäuser*-Skandal in Paris, als Einundzwanzigjährige heiratet sie den Schriftsteller Catulle Mendès, auch er ein Wagnerianer. In *La Presse* schreibt sie im Oktober 1868 glühende Artikel über Wagners Musik und schickt sie mit einem, wie Cosima findet, hübschen und freimütigen Brief nach Tribschen. Richard und Cosima sind begeistert. Wagner bedankt sich mit zwei förmlichen Briefen,

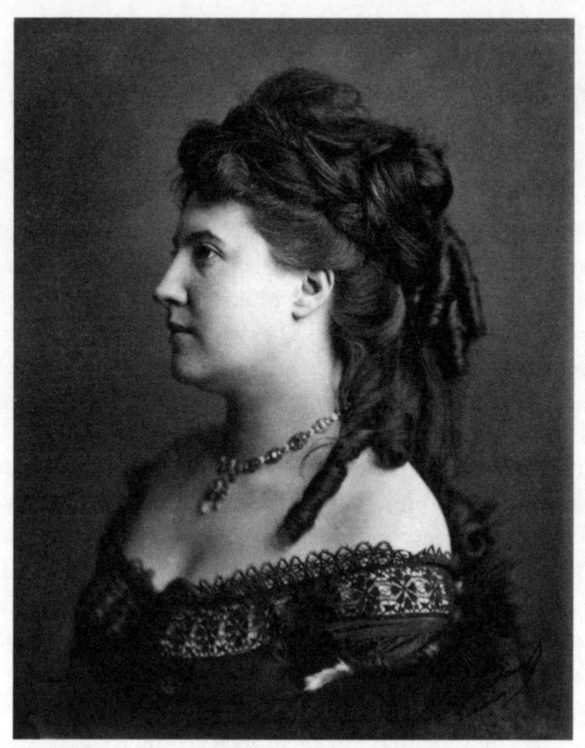

JUDITH GAUTIER
Photographie von Nadar, Paris 1875

in denen er ihr die Introduktion des dritten Aktes der *Meistersinger* und am Beispiel des *Rienzi* seine Haltung zur Rezeption seiner Opern auf den Theatern erläutert. Im Juli 1869 lädt er sie mit ihrem Mann zu einem Besuch ein. Judiths Wirkung ist fulminant. Alle Zeitgenossen rühmen ihre überirdische Schönheit, ihre schwarzen Locken, ihren Teint wie Elfenbein und ihre Züge wie eine gottgleiche Sphinx. Die Linie der Nase setze die Stirn fort wie in den seligen Zeiten, als noch Gottheiten auf Erden wandelten. Cosima nennt sie eine »gamine« mit römischem Profil, einen merkwürdigen, ungezogenen Lausbub, der sie förmlich verlegen mache, dabei gutmütig und schrecklich enthusiastisch sei. Für Judith setzt sich Wagner ans Klavier, spielt und singt ihr Stücke aus *Walküre* und *Tristan* vor, Stücke von Leidenschaft und Tod.

Auf den zweiunddreißig Jahre älteren Wagner wirkt Judith wie ein Jungbrunnen: Zehn Tage lang sehen sie sich täglich, machen Ausflüge, musizieren, reden, speisen; Wagner ist übermütig, klettert auf Bäumen herum, um ihr zu imponieren. Er fühlt sich »dans la force de l'age«. Cosima nimmt das alles gelassen hin. Sie ist sich ihrer Rolle sicher. Vor wenigen Wochen hat sie den Erben, der zunächst vor den Gästen versteckt wird, geboren, und sie ist Judith dankbar dafür, dass sie ihre jetzt offenkundige, skandalöse Beziehung zu Wagner überall verteidigt, vor allem auch gegenüber dem geliebten Vater, den Judith bei den *Rheingold*-Proben in München trifft. Die Generalprobe am 27. August begeistert die in München versammelten Anhänger Wagners in musikalischer und entsetzt sie in szenischer Hinsicht. Sie schreiben dringliche Telegramme nach Tribschen. Wagner eilt herbei, um beim König zu intervenieren; aber der König empfängt ihn nicht. Die Uraufführung wird verschoben, das Ehepaar Mendès reist ab und verbringt Mitte September nochmals fünf Tage in Tribschen. Nie ist in Wagners Leben die Herzlichkeit zwischen zwei Paaren größer: Judith schwärmt für Wagner, liebt Cosima und wird Patin Siegfrieds. Wagner verkehrt freundschaftlich mit Catulle und lädt selbstverständlich das Ehepaar Mendès zu seiner Trauung ein. Doch im Juli 1870 verändert sich die Welt. »Wie hassenswürdig erscheint die französische Nation«, notiert Cosima am 17. Juli in ihrem Tagebuch; Deutschland sei einig, Gott segne seine Waffen. Zwei Tage später kommt das Ehepaar Mendès mit Freunden zum dritten Mal nach Tribschen. Eigentlich will man Hochzeit feiern, aber nichts ist von der Heiterkeit des Vorjahrs geblieben. Wagner verlangt von seinen Gästen, zu verstehen, wie sehr er das französische Wesen hasse. Da sich die Hochzeit verschiebt und die Kanonen dröhnen, reisen die Freunde ab. Beim letzten Diner holt Wagner nochmals aus und verurteilt in Bausch und Bogen die französische Literatur. Nur Catulle, den Wagner wegen seiner feinfühligen Art und schönen Bildung lieb gewonnen hat, hört ergriffen und verständnisvoll zu. Einige Tage später schreibt Wagner den Freunden: Frankreich solle einen guten Staatsmann finden, den Krieg als Gottesurteil akzeptieren und ihnen selbst möge nichts zustoßen; es tue ihm so leid, sie nicht mit Gewalt in Tribschen zurückgehalten zu haben. Und nochmals, nach Trauung und Taufe, betont er, dass sie in zwei großen Grundsätzen völlig eins seien: in der Liebe und in der Musik. Der Krieg aber, ein grausam vorbedachter Angriffskrieg der Franzosen, trenne sie. Sechs Jahre sehen sie sich nicht.

Wagners persönlich, so könnte man meinen, gewinnen den Krieg und bauen an ihrem Reich. Catulle Mendès verzeiht Wagner nicht, dass er mit der Hanswurstiade *Eine Kapitulation* das besiegte Paris verhöhnt, aber er bleibt ein glühender Apostel der Wagner'schen Musik. Die Korrespondenz mit Judith versiegt. Wagners ahnen lange nichts von der Katastrophe in der Ehe ihrer Freunde. Catulle gibt seine Beziehung zu der Komponistin Augusta Holmès, mit der er außerehelich fünf Kinder hat, nicht auf. Judith bleibt gewollt oder ungewollt kinderlos; wahrscheinlich hat sie wenig Familiensinn. Nach dem Tod ihres Vaters beginnt sie eine Liebesaffäre mit dem siebzigjährigen Dichter Victor Hugo, der ihr später eine staatliche Pension verschafft. 1874 wird ihre Ehe geschieden, und sie nimmt wieder ihren Mädchennamen an.

Mitte August 1876 kommt Judith auf Einladung Wagners zum zweiten *Ring*-Zyklus in Begleitung von Louis Benedictus, einem jungen Musiker, dessen Verehrung sie genießt, aber nicht erwidert. Ihr zuliebe soll Wagner dessen Kompositionen beurteilen. Nicht weit von Wahnfried entfernt mietet Judith für sich allein eine Wohnung. Stolz zeigt ihr Wagner sein Festspielhaus. Fast täglich frühstücken und dinieren sie gemeinsam in Wahnfried. Cosima findet, dass Judith noch schöner geworden ist. In Richard entfacht sie in diesen hektischen, kurzen Sommertagen und -nächten einen Orkan von Gefühlen. Wieder ist es eine Frau aus zweiter Hand, aber sie ist jung, schön, klug und schwärmerisch veranlagt wie Wagner selbst. Sie ist die Verkörperung einer vollkommenen Frau. Victor Hugo hat dieses Ideal so beschrieben: »Dans une femme complète il doit y avoir une reine et une servante.« Dem hätte Wagner nicht widersprochen. Er genießt Judiths Bewunderung und ihre Zärtlichkeiten, hofft, dass sie ihn verjüngt, mit ihm heimlich flieht. Sie ist sein »berauschender Überfluß«, pure Unvernunft, für den er alles riskieren will. Diese Frau bringt ihn zumindest eine Zeit lang um den Verstand. Das Heimliche und Verbotene ist verführerisch, steigert die Lust ihrer Beziehung. Judith fühlt sich geschmeichelt, von diesem genialen Mann, dessen Lebenstraum sich in diesen Tagen erfüllt, dem berühmte Menschen aus aller Welt huldigen, begehrt zu werden. Sie erwidert seine Umarmungen, Küsse und Liebkosungen; daran hindert sie weder ihre Freundschaft mit Cosima noch das Schmachten des verliebten Louis Benedictus. Sie ist keine »sainte nitouche«, wird Richards Geliebte, aber sie flieht nicht mit ihm. Zum Abschied schreibt ihr Wagner: »Hätte ich Sie heute Morgen zum letzten Male umarmt? Nein, ich werde Sie wiedersehen. Ich will es, weil ich Sie ja liebe« (4. 9. 1876). Zwar werden fünf Jahre vergehen, ehe sie sich wiedersehen, doch in Briefen berauscht sich Wagner an seinen Erinnerungen. Judiths Briefe, die Wagner bei seinem Barbier Schnappauf heimlich abholt, sind vernichtet.

Ob Cosima aus Klugheit, Nachsicht oder Arglosigkeit zu dieser heftigen Affäre schweigt, wissen wir nicht. Auffällig ist, dass sie Judith in ihrem Tagebuch nicht mehr erwähnt. Die Besuche in Tribschen hatte sie ausführlich und liebevoll protokolliert; auch jetzt zählt sie viele Gäste auf, nur Judith nicht.

Wagners Enttäuschung über die ersten Bayreuther Festspiele sitzt tief, aber an das Erlebnis von Judiths Umarmungen denkt er als an den berückendsten Rausch, an den höchsten Stolz seines Daseins. Sie ist, wie er ihr schreibt, ein letztes Geschenk der Götter, die ihn nicht unter dem Gram des falschen Ruhms der *Nibelungen*-Aufführungen wollten erliegen lassen. »In meinen besten Momenten bewahre ich mir eine so süße, wohltuende Sehnsucht, jene Sehnsucht, Sie noch zu umarmen und Ihre göttliche Liebe nie zu verlieren.« Er geht an dem Haus vorbei, in dem Judith ihn empfing, er sieht sie auf der Chaiselongue neben seinem Schreibtisch liegen und ihn mit ihren schwarzen, tiefen Augen ansehen, nennt sie seinen Liebesstrahl mit süßem, einlullendem, berauschendem Feuer, beschwört ihre Küsse, Zärtlichkeiten, Umarmungen, ihre Liebe: »Liebe! Liebe! Lieben Sie mich, immerdar!« Ausrufezeichen, Ekstase, zumindest verbal. Nur in jungen Jahren hat Wagner ähnlich leidenschaftlich, damals an Minna, geschrieben.

Als Weihnachtsgeschenk für die Kinder in Wahnfried bastelt Judith ein großes *Nibelungen*-Puppentheater. Wagners Bitte, ihn im März 1877 in London zu besuchen, folgt sie nicht. Im Herbst nimmt die Intensität der Briefe zu. Als Wagner die Komposition des *Parsifal* beginnt, steigert er sich erneut in einen Rausch der Erinnerungen. Judith ist nicht Kundry, wohl aber sein personifizierter Zaubergarten, und sie wird seine »Ausstatterin«. Für die Chaiselongue, auf der sie im Vorjahr lag, bestellt er eine Decke aus blassgelbem Seidenstoff, bestreut mit Rosenblüten. Diese Decke will er Judith nennen, auf ihr liegen und am *Parsifal* arbeiten. Dann bestellt er bei ihr »auf Rechnung« – Weihnachten und Cosimas Geburtstag nahen – zwei Kisten mit Pantoffeln, Handschuhen und Haarbürsten, ein japanisches Kleid, dreißig Meter Satin in echtem Rosa und immer wieder Parfümerien und starke Düfte, da er schlecht rieche. Da soll sie über die Stränge schlagen und auch bei den Badeessenzen verschwenderisch sein, da er täglich ein Bad nehme. Er berichtet ihr auch von seiner Arbeit, schreibt über den arabischen Ursprung des Namens Parsifal, über Klingsors Zaubermädchen und schickt ihr zwei Akte des Textes, den Cosima wörtlich ins Französische übersetzt hat. Mit diesem Werk identifiziert sich Judith wie mit keinem anderen. Ihre eigene Übersetzung des Textes wird in Frankreich später sehr populär.

Um Judiths Gesundheit ist Wagner rührend besorgt, seinetwegen müsse sie sich schonen: »Lieben Sie mich, schöner leidender Überfluß!« Den letzten erhaltenen Liebesbrief schreibt er ihr am 6. Februar 1878: »Warum in des Himmels Namen habe ich Sie nicht in meinen Pariser Tagen nach dem Durchfall des *Tannhäuser* gefunden? Waren Sie zu jung um jene Zeit? Schweigen, schweigen wir! Aber lieben, lieben wir!« Damals im März 1861 war Judith fünfzehn und er fast achtundvierzig Jahre alt.

Nur vier Tage nach diesem Brief teilt Wagner Judith ungewohnt nüchtern mit, dass sich Cosima von nun an um die Pariser Besorgungen kümmern werde, ihn quälten unangenehme Dinge, die aber bald überstanden sein werden. Judith solle zu Cosima lieb sein, ihr gut und ausführlich schreiben. Damit enden die Briefe, die diese ekstatische Liebesgeschichte dokumentieren. Die Erinnerung an diesen Sommer 1876 belebt Wagners Phantasie, bringt ihn, wie es Düfte, Stoffe und Farben auch tun, in schöpferische Stimmung. Jetzt reißt die Stimmung ab, er unterbricht die Arbeit am *Parsifal*. Was ist geschehen?

Das Tagebuch Cosimas gibt einen Hinweis. Am 12. Februar notiert sie: »Das Leid, vor welchem mir bangte, blieb nicht aus; von außen brach es herein! Gott helfe mir!... Schmerz, du mein alter Geselle, kehre nun wieder ein und wohne bei mir; wir kennen uns beide, wie lange willst du jetzt bei mir ausharren, treuester, einzig sicherer Freund?« Fand Cosima Judiths Briefe? Hat sie Schnappauf zum Reden gebracht? War ihr, die sie den Schmerz einen alten Gesellen nennt, Richard früher schon untreu gewesen? Nach außen verliert Cosima nicht die Contenance, aber sie verbietet ihrem Mann den weiteren Verkehr mit Judith. Und Wagner gehorcht. Nun führt Cosima einen höflichen Briefwechsel mit Judith, der erst 1898 im Streit über eine private Aufführung des *Parsifal* endet. Von der Begeisterung in Tribschen ist nichts geblieben.

Im September 1881 sehen sie sich wieder. Mit Herzklopfen, schreibt Judith in ihren Erinnerungen, betritt sie Wahnfried. Wagner wirkt auf sie verjüngt, herzlich, gefühlvoll; sie schwebt, wie Liszt in einem Brief an die Fürstin Sayn-Wittgenstein schreibt, in himmlischen Verzückungen. Cosima dagegen beschreibt in ihrem Tagebuch den Besuch nüchtern und leicht ironisch. Judith, sie kommt wieder in Begleitung ihres Freundes Benedictus, ist zwar die schöne Freundin, aber auch die Fremde, die stört. Abends lauscht sie in großem, ziemlich freizügigem Aufputz, wenn Wagner am Klavier sitzt; sie spielen Whist, machen Ausfahrten. Manche Abende sind sehr seltsam, so dass Cosima rätselt, ob der Besuch von Mme Gautier ihrem Mann angenehm oder peinlich ist. Er sucht Judiths Nähe nicht. Er ärgert sich, Französisch sprechen zu müssen, und verabschiedet sich von Judith mit den Worten: »Ma chère enthousiaste, prenez pitié de moi.«

Glaubt man Cosima, so scheint Wagners Leidenschaft für Judith erloschen zu sein. Judiths Begeisterung für Wagners Werk ist es nicht. Im nächsten Jahr erscheint ihr Buch *Richard Wagner et son oeuvre poétique*, und im Juli kommt sie zur Uraufführung des *Par-*

sifal. Bayreuth bleibt für sie, wie für viele andere Franzosen, unter ihnen auch Catulle Mendès, »la kibla de l'art«. Am Vorabend der Uraufführung in diesem Mekka lädt Wagner am 25. Juli Freunde und Künstler zu einem Bankett ein. Er rühmt zu Cosimas großer Freude mit hinreißenden Worten Wert und Bedeutung Liszts für ihn und sein Werk. Judiths »Verdienste« erwähnt er nicht, aber sie sitzt, wie ein Zeuge schreibt, von vielen bewundert, stolz zu seiner rechten Seite, mit Locken, Lachen, Übermut, geistsprühenden Augen, und mit einer schlichten Leinenbluse bekleidet, die sich von den großen Toiletten der anderen Damen abhebt. Für viele ist sie ein Rätsel, für Cosima nicht. In ihrem Tagebuch ist Cosima noch verschlossener als im September des Vorjahrs, erwähnt weder Judiths Anwesenheit beim Bankett noch in Wagners Loge bei der Uraufführung. Nun ist sie Frau Judith Gautier, die sie allein in Wahnfried empfängt, wenn Wagner müde ist. Nach der Uraufführung gibt es in Wahnfried einen großen Empfang mit mehr als zweihundert Gästen, dann reist Judith ab und wird Wagner nie wiedersehen.

In Frankreich wird sie eine angesehene Schriftstellerin und Orientalistin, publiziert mehr als fünfzig Romane, Erzählungen, Sachbücher, Theaterstücke und schreibt unter verschiedenen Namen unzählige Beiträge für Zeitungen und Zeitschriften, auch über ihren Patensohn Siegfried Wagner. Ab 1902 erscheinen in drei Bänden ihre Erinnerungen. Sie bekennt sich deutlich, aber diskret zu ihrer Beziehung zu Wagner. Judith wird nicht mehr heiraten; ihre Liebe gilt dem Orient, Wagners Werk und ab 1904 einer jungen attraktiven Frau aus reichem Haus. Als diese *ménagerie intime* beginnt, die wie ein Rollentausch wirkt, ist Judith neunundfünfzig Jahre alt und Suzanne Meyer-Zundel zweiundzwanzig Jahre jung. Kein Mann trübt das Glück der beiden so unterschiedlichen Frauen. Am 26. Dezember 1917, zwei Tage nach Cosimas Geburtstag, stirbt Judith im Alter von zweiundsiebzig Jahren im bretonischen Seebad Dinard.

Sechsmal hat Judith Wagner in Tribschen und Bayreuth besucht. Beide sind romantisch-schwärmerisch veranlagt. Vergeblich hofft Wagner, dass ihn Judith verjüngt und mit ihm flieht. Ihr gefällt, von diesem Genie begehrt zu werden, aber möglicherweise ist sie mehr in Wagners Bedeutung verliebt als in seine Person. Oder steht Victor Hugo zwischen ihnen? Judith findet ihr spätes Glück in der Liebe zu einer Frau, die im Jahr der Uraufführung des von ihr vergötterten *Parsifal* geboren wird. Das muss sie als Schicksal empfunden haben.

Nachdem als letzter Gast Mathilde Maier, die fast zur Familie gehört, verabschiedet ist, reist die Familie Wagner Mitte September 1876 nach Italien. Die schlechten Nachrichten aus Bayreuth folgen ihnen. Sechs Jahre wird das Haus leer stehen. Cosima notiert Richards Wutanfälle, seine beißenden Anklagen und seinen Spott über Gegner wie Anhänger. Wie »die Entdeckung Amerikas« sollte Bayreuth in der Welt der Kunst wirken. Das ist nicht gelungen. Aber Wagner resigniert nicht, kehrt nach Bayreuth zurück und nimmt nach zwanzig Jahren im Februar 1877 die Arbeit am *Parsifal* wieder auf. Cosima protokolliert den Schaffensprozess in den nächsten fünf Jahren ausführlich. Schöpferischer Einfall, Genialität und die Erinnerungen an Judith genügen nicht. 334 Partiturseiten zu linieren, die Instrumente zu verteilen, die Übergänge und Pausen zu berechnen, erfordern Fleiß und Pedanterie. Jede Note, die Wagner mit Bleistift schreibt, »überzieht« Cosima wieder mit Tinte. Sie identifiziert sich mit Kundry: Ekstase der Schuld, des Büßens und Dienens. Nach der ersten Aufführung des *Parsifal*-Vorspiels in Wahnfried am 25. 12. 1878, es ist ihr einundvierzigster Geburtstag, notiert sie: »Da höre ich den Ruf des Heilandes zur Erlösung an eine nicht hörende Welt, den Ruf, so traurig schmerzvoll inbrünstig, ich sehe das Antlitz und sehe den Blick, der auf Kundry fiel – ich erkenne die Wüste, in welcher dieser Ruf erschallt und bin selig bei diesem furchtbaren Sehen! Er steht da, er ruft diese Wunder hervor – und er liebt mich. Er liebt mich.«

Italien wird ihnen in den nächsten Jahren zur zweiten Heimat. In Ravello finden sie Klingsors Zaubergarten, in Siena den Gralstempel, in Palermo beendet Wagner am 13. Januar 1882 die Partitur. Am 1. Mai kehrt die Familie nach Bayreuth zurück, die Proben beginnen. Am 26. Juli wird *Parsifal* uraufgeführt. Wieder ist es ein gesellschaftliches Ereignis mit großen Empfängen in Wahnfried. Während der letzten Vorstellung geht Wagner in den Orchestergraben, übernimmt von Hermann Levi den Taktstock und dirigiert den Gralstempel des dritten Aktes. An Levi wird auch Cosima trotz seines Judentums festhalten müssen, weil er vom Meister »eingesetzt« ist.

Der künstlerische Erfolg ist größer als 1876. Auch Wagner kann sich diese Inszenierung als stilbildend vorstellen. Doch seine Kräfte haben abgenommen, sein Gesundheitszustand ist labil; er klagt über Diätfehler, Müdigkeit und den ständigen Regen, den er als Verurteilung seiner ganzen Niederlassung in Bayreuth empfindet. Nur die Szene mit den Blumenmädchen, in der er, wie Cosima meint, den Frühling und seine Sehnsucht, sein süßes Klagen für ewig gebannt hat, erfrischt ihn bei jeder Vorstellung. Um die junge Sängerin einer der Soloblumen ranken sich viele Vermutungen.

Am 14. September reist die Familie im Salonwagen nach Venedig, bezieht mit großer Dienerschaft fünfzehn Zimmer im Palazzo Vendramin am Canal Grande. Wagner richtet sich seine »blaue Grotte« mit schweren Stoffen und reichlich Parfum ein. Fast täglich macht er Spaziergänge und Gondelfahrten; für ihn ist Venedig die schönste Stadt, und er plant, nur noch hier und in Bayreuth zu wohnen. Seine Nächte sind schlecht. Immer wieder hat er den alten Traum, Cosima werde ihn verlassen. Ihre Nähe verursacht ihm abwechselnd Behagen und äußerste Gereiztheit, die sich zu Lebenshass steigern kann (TCW 3. 12. 82). Die Krämpfe in Brust und Magen verstärken sich, dazu kommen Atemnot und Herzrasen. Aber er hofft auf zehn rüstige Lebensjahre, um seine Werke mustergültig in Bayreuth aufzuführen und dies Erbe dann seinem Sohn zu übergeben. Hätte ihm Rothschild eine Million geschenkt, so wäre alles gut. Von seinen Parteigängern oder einem Komitee erwartet er gar nichts. Viele Besucher kommen nach Venedig. Liszt bleibt zwei

Monate, verursacht fast täglich einen Ehestreit. Seine Nähe erträgt Wagner immer weniger; er ist aggressiv, Liszt geduldig und Cosima leidend. Am besten verstehen sie sich beim allabendlichen Whistspiel. Zu Cosimas Geburtstag führt Wagner im Teatro Fenice seine Jugendsinfonie in C-Dur auf; dann beginnt er den Essay *Über das Weibliche im Menschlichen,* eine Apotheose der Liebe als göttliche Macht.

In den Nächten gehen all seine »Weibsen« an ihm vorüber, er träumt von Minna, Wilhelmine Schröder-Devrient, Mathilde Maier, von Briefen, die ihm Mathilde Wesendonck und Friederike Meyer schicken, die er aber nicht öffnet, weil er Cosimas Eifersucht fürchtet. An den Tagen ärgert er sich über König Ludwig, der eine Separat-Aufführung des *Parsifal* fordert, über seine Anhänger, die seine Gedanken der Lächerlichkeit preisgeben, über Nietzsches Erbärmlichkeit. Der Karneval lenkt ihn ab.

Am 12. Februar notiert Cosima, Richard habe sie lange und zärtlich mit den Worten »Alle 5000 Jahre glückt es« umarmt, am Klavier das Klagethema der Rheintöchter gespielt und gesagt, er sei diesen untergeordneten, sehnsüchtigen Wesen der Tiefe gut. Dies ist der letzte Eintrag Cosimas in ihren Tagebüchern, aber es sind nicht Wagners letzte Worte. Am nächsten Morgen streitet das Ehepaar heftig. Um diesen Streit ranken sich Vermutungen.

CARRIE PRINGLE – EIN TODESENGEL?

Im Sommer 1881 lernen sie sich kennen. Carrie Pringle stammt aus einer wohlhabenden Familie, ist zweiundzwanzig Jahre alt, hat Gesang studiert und singt auf Empfehlung von Hermann Levi in Wahnfried vor. Ihr Vortrag der Agathe aus *Freischütz* ist, so notiert Cosima, recht erträglich. Miss Pringle wird als eine der sechs Soloblumen engagiert. Wagner liebt seine Blumenmädchen. Sie bieten

»einen reizenden Anblick« und werden im nächsten Jahr zum Mittagstisch nach Wahnfried eingeladen. Bei den Proben widersetzt sich Carrie den Anordnungen des Dirigenten und hat auf der Bühne einen Unfall. Will man ihr einen Denkzettel verpassen? Trotz dieser merkwürdigen Ereignisse gibt es keinen Beleg dafür, dass Carrie von Wagner besonders protegiert wird oder gar ein Verhältnis mit ihm hat. Seine Zufriedenheit mit den Blumenmädchen verbirgt Wagner jedoch nicht. Bei den Aufführungen ruft er ohne Rücksicht auf das Publikum immer wieder laut »Bravo« und gesteht Cosima nach dem Ende der Festspiele, dass er sich nach ihnen sehne. Carrie setzt im Winter ihre Ausbildung in Mailand fort, hofft auf Wagners Protektion und will ihn in Venedig besuchen. Davon erfährt Cosima und macht ihrem Mann am Vormittag des 13. Februars eine heftige Szene. Hat sie wie einst Minna einen Brief, eine »Morgenbeichte« abgefangen? Fürchtet sie eine Wiederholung der Affäre mit Judith? Der Arzt hat Wagner jede Aufregung verboten. Das weiß Cosima.

Richard zieht sich in seine blaue Grotte zurück, schreibt an seinem Essay. Cosima tröstet sich am Klavier mit Schuberts *Lob der Tränen.* Während des Mittagessens, Wagner hat sich entschuldigt, stürzt sein Diener herein: Der Meister verlange nach seinem Arzt und seiner Frau. Kurz nach 15 Uhr stirbt Wagner in den Armen seiner Frau.

Wagner litt an einem gastro-kardialen Symptomenkomplex mit Tachykardie, Dyspnoe und Angina-Pectoris-ähnlichen Anfällen, vermutlich an einem, später so genannten, Roemheld-Syndrom. Sein Geist war voller Pläne und Hoffnung auf zehn weitere rüstige Lebensjahre, aber sein Körper war müde. Sein Tod konnte jederzeit eintreten, doch vielleicht wurde er durch die starke Aufregung und durch seine alte Selbstdiagnose, seine Phantasie habe übermäßigen Anteil an seinen Leiden, beschleunigt. Ein klinisch sauberer Infarkt genügt jedoch nicht dem Bedürfnis, den Tod Wagners zu romantisieren. Frauen sollten schon im Spiel sein. Hier sind es Cosima, Carrie und Isolde, Richards und Cosimas Tochter. Lange nach dem Tod ihres Vaters berichtet Isolde von dem Streit ihrer Eltern und dem Anlass. Ihre Erinnerung wiegt nicht deshalb so schwer, weil sie eine Affäre suggeriert, sondern weil sie der eigenen Mutter indirekt eine Mitschuld am Tod des Vaters gibt. Diese Aussage wirkt wie die späte Rache Isoldes an ihrer Mutter, die im Beidler-Prozess die Vaterschaft Wagners geleugnet und Isolde um ihr Erbe gebracht hatte.

Carrie bleibt unverheiratet, macht keine Karriere als Sängerin, lebt vom Familienvermögen und stirbt im Alter von einundsiebzig Jahren im November 1930 in Brighton. Es gibt keine Beweise dafür, dass sie Wagners letzte Geliebte war und keine, dass sie es nicht war. In einem romantisierenden Sinn ist sie Wagners Todesengel.

DIE HOHE FRAU IN WAHNFRIED

Der Mythos vom hohen Paar entsteht in kurzer Zeit. Seit Juni 1864 leben Richard und Cosima ihre Beziehung, die beide als schicksalhaft empfinden. Ihre Mission ist es, sein Genie zu schützen; ihre Willenskraft ist sein Halt. Er ist ihr Gott, sie sein Engel mit Feuer und Schwert. Am 20. Januar 1883 träumt er, er sei mit ihr auf einen hohen Berg gestiegen und meint, er führe sie, bis er gemerkt habe, dass sie ihn, als der Pfad eng wurde, mit einer unsinnigen Anstrengung stütze. Vielleicht war Cosimas Einfluss auf den schöpferischen Prozess vieler Werke nicht so groß wie der Mathilde Wesendoncks, aber ihr Anteil an der Ausführung und Durchsetzung der Werke und Ideen, an Wagners Leben und an Bayreuth ist unvergleichlich. Und sie ist die Mutter seines Sohnes. Wagners alte Frauengeschichten manipuliert Cosima für die Geschichtsschreibung; sie lässt sie wie Parfum und Atlas gelten als Inspiration für Richard, die arme Minna natürlich ausgeschlossen. Doch Cosimas Nachsicht endet, als zwei junge hübsche Frauen ihre eigene Ehe stören. Wahrscheinlich fürchtet sie nicht, Wagner würde sie verlassen, aber diese Seitensprünge verletzen ihren Stolz, selbst wenn sie nur Phantasiegebilde wären. Verletzt fühlt sie sich auch, wenn Wagner ihren Vater oder ersten Ehemann angreift. Da widerspricht sie, leidet und wartet, dass Richard das Knie zur Entschuldigung beugt. Das geschieht oft, denn er kennt sein Temperament und seine »Krankheit der Unerzogenheit«. Einmal kalauert er: Cosima sei sein Wahnfried und er ihr Wahnfritz.

Die Rollenverteilung des hohen Paares ist perfekt. Auch Cosima ist im Sinne von Victor Hugo als Königin und Dienerin eine vollkommene Frau. Sie vergöttert, dient, leidet, schweigt; dies ist sie dem Genie schuldig. Zugleich aber regelt sie sein Leben. Ihre Unterwerfung ist nicht Selbstzweck, sondern Mittel ihrer Mission.

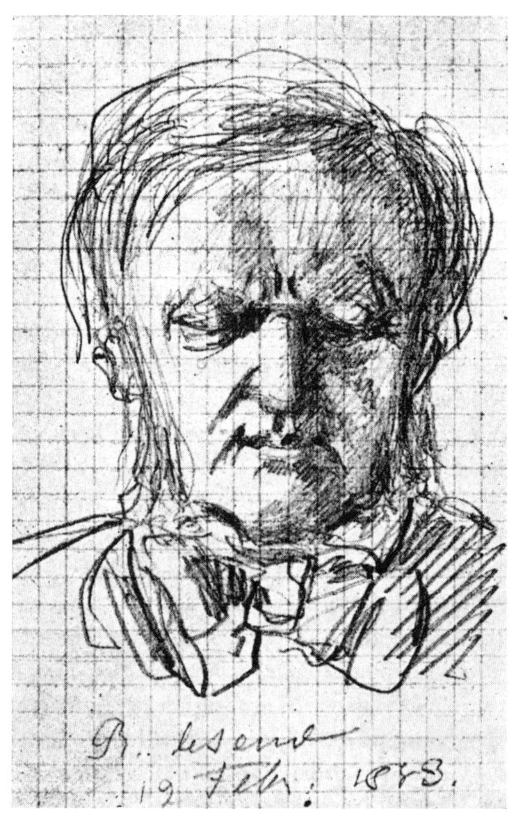

RICHARD WAGNER
Zeichnung von Paul von Joukowsky, beschriftet von Cosima
»R. lesend 12 Febr. 1883«

Das übt sie in der Ehe und das kultiviert sie als Witwe. Im fünften Akt dieser Geschichte ist sie die alleinige Hauptperson, die Hohepriesterin in Wahnfried.

Im Garten von Wahnfried ist das Grab vorbereitet. Sie wollte gemeinsam mit ihrem Mann sterben, pharaonengleich. Jetzt ist er ihr vorausgegangen, wie er selbst orakelt hatte. Cosima verharrt Tag und Nacht an der Leiche, schneidet ihr langes Haar ab, legt es in den Sarg. Erstarrt folgt sie dem *pomp funèbre*: Gondelfahrt, Sonderzug, Bayreuth im Trauerflor, Grablegung in Wahnfried. Viele fürchten, sie werde Wagner nachsterben. Bülow beschwört sie: »Sœur il faut vivre«. Andere glauben, sie werde das Leben einer Nonne führen. Der Freund und Bankier Adolf von Groß wird zum Vormund der Kinder bestellt. Am 10. April schreibt sie ihrer ältesten Tochter Daniela einen Brief, der wie ein Testament klingt: »Sorgt für Siegfried, dies mein Erstes und Letztes.« Fünf Monate dauern die lebensbedrohlichen Krisen, dann siegt der Wille zum Leben, um für Siegfried die Festspiele zu sichern. Das ist der praktische, dynastische Teil; der ideologische ist die Hagiographie Wagners.

Cosima ist fünfundvierzig Jahre alt, ihr Leben als Witwe dauert siebenundvierzig Jahre. Es ist ein Schauspiel eigener Qualität. Wagner hatte sie mit keinem Wort autorisiert, die Festspiele zu leiten. Ihre Legitimation ist der Anspruch, den Willen Wagners wie kein anderer zu kennen und die Mutter des Erben zu sein. Nur sie hat »das Bewußtsein vom Richtigen«. Konsequent spricht und schreibt sie von Wagner nur in der dritten Person und verfolgt dabei ihre eigenen Ziele. Sie ignoriert ihre Gegner, die eine Frau an der Spitze der Festspiele ablehnen, ebenso wie die Forderungen der Wagner-Vereine nach Mitsprache. Nur Adolf von Groß unterstützt sie. Er erkennt mit geschäftlichem Weitblick die Vorteile, die ein Familienunternehmen mit seiner besonderen Aura hat.

Die *Parsifal*-Aufführungen 1883 besucht Cosima nicht, lässt sich aber genau berichten. Im Herbst entwirft sie ihren ersten Plan für zukünftige Festspiele mit – erstaunlicherweise – Hans von Bülow als Hauptdirigenten. Möglicherweise ist diese Idee, die sie schnell verwirft, Ausdruck des Respekts und zugleich Versuch einer Sühne. Im nächsten Jahr lässt sie sich, um unsichtbar zu bleiben, seitlich auf der Bühne einen dunklen Verschlag bauen, beobachtet von dort aus die *Parsifal*-Proben und -Aufführungen und schickt täglich Korrekturzettel an die Mitwirkenden. Hermann Levi schreibt seinem Vater: »Daß die Vorstellungen dieses Jahres so vollendet waren, ist zum größten Teil dem tätigen Eingreifen von Frau Wagner zu danken.« Durch sie habe er, fügt er hinzu, über die Kunst des musikalischen Vortrages mehr gelernt als in zwanzig Jahren seiner Dirigenten-Praxis.

Fünfzehn Jahre wird Cosima schließlich brauchen, um das Bayreuther Repertoire vom *Tristan* 1886 bis zum *Holländer* 1901 zu inszenieren. Das Zentrum bleibt fast fünfzig Jahre Wagners *Parsifal*-Inszenierung, die auch in ihrer Antiquiertheit, vor allem in den Gralsbildern, die niemand antastet, Würde ausstrahlt. Entscheidend für Cosimas Stil ist ihre *Tannhäuser*-Inszenierung 1891. Die Popularität dieser romantischen Oper ist für Cosima ein Missverständnis. Sie kann sich auf den orakelhaften Ausspruch Wagners kurz vor seinem Tod stützen, er sei der Welt noch den *Tannhäuser* schuldig. Sie stilisiert nun die Inszenierung zu einem »Kampf auf Leben und Tod zwischen Oper und Drama«. Als Regisseurin bringt sie Logik und Verständlichkeit in das Werk, schärft den Konflikt zwischen Venusberg und Wartburg, inszeniert Chöre und Tänze dramaturgisch begründet, Elisabeth als eine kindlich-keusche, nicht als eine heroische Figur. Mit diesem Sieg des Dramas über die Oper etabliert sie ihren Stil, wird zu einer Autorität, der es an Verehrern und Gegnern nicht mangelt. Alles Material, die peniblen historischen Recherchen und vor allem alle Äußerungen Wagners zu den

Aufführungen seiner Werke, ordnet sie ihrem Stilwillen unter, der die Leidenschaften und das Klangbild dämpft, die Wortverständlichkeit fördert, in die Werke, wie schon in Wagners Leben, Maß und Ordnung bringt. Anders als Wagner verabscheut sie das Triviale, liebt den Gestenkatalog der französischen Tragédie, die aus Wahrheit und Schönheit entstehende Form des Bedeutenden und Erhabenen. Mit dieser »erhabenen Konvention«, die sie in sorgfältigen, keine Schlampereien duldenden Proben erarbeitet, prägt sie die Wagner-Aufführungen aller großen Bühnen bis ins 20. Jahrhundert hinein.

Doch Bayreuth ist für Cosima kein Opernhaus, sondern ein religiöser Ort, ein Montsalvat, ein Asyl für die Kunst, wie sie in ihrem Sinn sein soll. Schon in ihrem ersten Brief an den König stand der Satz »Unsere Kunst ist Religion«. Jetzt schreibt sie ihrer Tochter Daniela: »Dein Papa« – Danielas Vater ist allerdings Hans von Bülow – »ist als Stifter von Bayreuth, als Philosoph zu betrachten.«

Wagner wollte Musteraufführungen, Cosima will gottesdienstähnliche Aufführungen, in denen »die Kraft der Sache« wirkt. Sie wird zur Mystagogin, erhofft eine Bayreuther Freimaurerei Gleichgesinnter. Prostestantisch im Eifer, jesuitisch in der Wahl ihrer Mittel weiß sie, wie schon in jungen Jahren, die Nützlichen zu fesseln, die Nutzlosen zu ignorieren, inszeniert ein grandioses Schauspiel, in dem es nur Gläubige oder Ungläubige gibt. Wahnfried wird zum Synonym für Kunst als Religionsersatz und zunehmend vor allem für deutsche Intellektuelle zu einem »von Weihrauch geschwängerten Damenstift« (Maximilian Harden), in dem sich allerdings die Crème de la crème Europas trifft. Mit scheuer Ehrfurcht blicken Männer wie Gustav Mahler, Richard Strauss, Engelbert Humperdinck, Felix Mottl oder Hermann Levi, von Prinzessinnen, Gräfinnen und vielen Ausländern ganz zu schweigen, zu Cosima auf, als ob sie selbst Wagners Werke geschaffen hätte. Cosima nimmt diesen Hype, würde man heute sagen, mit Selbstverständlichkeit und

Majestät hin. Selbstzweifel kennt sie nicht; auch das hat sie von Richard gelernt.

So etabliert sie die Bayreuther Festspiele und besorgt die Hagiographie Wagners. Alles, was indiskret sein könnte und in ihrem Besitz ist, die Briefe der Frauen an Wagner, ihren eigenen Briefwechsel mit Wagner und Nietzsche, aber auch die Briefe vieler Männer von Heinrich Heine über August Röckel bis Hans von Bülow vernichtet sie, jede Art von Enthüllung bekämpft sie. Die mehrbändige Biographie von C. Fr. Glasenapp beeinflusst sie bis ins Detail, die Edition der Wesendonck-Briefe versucht sie lange zu verhindern. Schließlich resigniert sie; 1913 endet die damalige Schutzfrist von dreißig Jahren. Alles wird frei und damit, in Cosimas Augen, gemein.

Energisch verfolgt Cosima das Ziel, ihren Sohn auf die Leitung der Festspiele vorzubereiten. Siegfried wird ein ordentlicher Komponist und Kapellmeister und ein guter Regisseur. Die Mutter jedoch überfordert ihn mit ihrem Genialitätsanspruch. Um ihn zu schützen, bricht sie mit Richard Strauss, droht der Zeitschrift *Die Musik* mit Entzug von Wagner-Manuskripten, wenn sie nicht anständig über Siegfried berichte, prozessiert gegen ihre Tochter Isolde, um das Erbe für Siegfried zu sichern. Aber die größte Bedrohung erwächst aus Siegfrieds homosexueller Veranlagung, die geächtet ist und unter Strafe steht. Sie wird vertuscht, verheimlicht, so gut es geht. Als der Skandal öffentlich zu werden droht, lenkt der Ausbruch des Ersten Weltkrieges die Aufmerksamkeit auf andere Themen. Schließlich gibt Siegfried dem Druck der Familie nach, heiratet die junge Engländerin Winifred Williams, wird mit ihr vier Kinder haben und damit die Dynastie biologisch sichern.

Im Dezember 1906 erleidet Cosima einen Schlaganfall, im Jahr darauf übernimmt Siegfried die Leitung. Die Berliner Universität verleiht Cosima die Würde eines Ehrendoktors mit der Begründung, sie habe fünfundzwanzig Jahre lang Wagners Kunst heilig gehalten, so dass man vom ganzen Erdenrund zusammenkomme, um deutscher Kunst Heiligtum zu besuchen. Immer mehr zieht sie sich ins Private zurück, wird ein lebendes Denkmal in Wahnfried. Der Krieg vernichtet das Familienvermögen. Vergeblich hofft Cosima auf die starken Männer Ludendorff und Hindenburg, diktiert im Juli 1923 einen letzten Brief, in dem sie die staatsmännische, auf Kraft schließende Persönlichkeit Mussolinis rühmt. Knapp drei Monate später besucht der vierunddreißigjährige Adolf Hitler erstmals Wahnfried. Cosimas Schwiegertochter Winifred schwärmt für ihn, und der Ehemann ihrer Tochter Eva, H. St. Chamberlain, ist sein Prophet. Ehrfürchtig verneigt sich Hitler vor Cosima, aber sie ist zu zerbrechlich, Herzschwäche und Erblindung haben stark zugenommen, um ihn zu empfangen. Die Töchter Daniela und Eva protokollieren »Mamas letzte Worte«; Erinnerungen, Leitmotive, Banales, Tiefsinniges: Nichts dem Zufall überlassen, sonst stelle sich Langeweile ein – ist der Stil geschaffen, so ist die Schlacht gewonnen – Goethe habe die Heiterkeit der Seele – Voltaire den Dämon der Perversität – Luther rettete das deutsche Wesen. Und noch einmal, zum letzten Mal bricht die alte Wunde auf: Hans von Bülow, mit dem sie ihren ersten Festspielplan realisieren wollte, seit sechsunddreißig Jahren tot, sei der einzig Fähige, mit ihm wolle sie arbeiten. Am 1. April 1930 stirbt Cosima mit zweiundneunzig Jahren. Vier Monate später folgt ihr Siegfried im Alter von einundsechzig Jahren.

In die Ehe habe man »einzugehen wie in ein Kloster mit der selben Umkehr aller Eigenwilligkeiten ... Wo dürfte da ein eigener Wille sein?«, schreibt sie 1885 an die Freundin Gräfin Schleinitz. Kein Wort gebraucht sie so oft wie »dienen«, mit keinem anderen Wort wird sie so oft charakterisiert wie mit »herrschen«. Dieses Wechselspiel beherrscht sie souverän. Sie lebt authentisch und täuscht zugleich die Welt wie eine große Komödiantin, sie ist eine Fürstin von Persönlichkeitsgnaden (Edouard Schuré) und zugleich ein groß angelegtes Blendwerk (Annette Kolb). Karl Holl nennt sie in seinem Nachruf in der *Frankfurter Zeitung* »die bedeutendste Frau des 19. Jahrhunderts im Sinne autonomer Lebensgestaltung und auf dem Gebiete künstlerisch-kulturellen Wirkens«. Ihr Leben reicht vom Ausklang der Klassik – Goethe hatte ihrer Mutter segnend die Hand aufs Haupt gelegt – bis zum Faschismus. Zu ihrem Gedenken dirigiert Arturo Toscanini im Festspielhaus den Trauermarsch aus der *Götterdämmerung*. Das sagt mehr als alle Worte.

Fast alles von und über Wagner neigt zur Ausführlichkeit. Kürze ist, vor allem wenn es um *Wagners Frauen* geht, eine Herausforderung. Darum ist diese Darstellung nicht der üppigen Sekundärliteratur verpflichtet, sondern den Quellen: den zahlreichen Briefausgaben, *Richard Wagner. Mein Leben* (ML), München 1969, *Richard Wagner. Das braune Buch,* hg. von J. Bergfeld, Zürich 1975, *Cosima Wagner. Die Tagebücher* (TCW), hg. von M. Gregor-Dellin und D. Mack, München 1976 ff. und den Dokumentensammlungen *Max Fehr. Richard Wagners Schweizer Zeit,* Aarau und Leipzig 1934/1953; *Richard Wagner. Briefe. Die Sammlung Burrell,* hg. von J. N. Burk, Frankfurt 1953; *Richard Wagner. Ein Lebens- und Charakterbild in Dokumenten,* hg. von W. Otto, Berlin 1990; *Cosima Wagner. Das zweite Leben,* hg. von D. Mack, München 1980.

Dieses Buch ist für ein breiteres Publikum, nicht für die wissenschaftliche Fachwelt geschrieben. Der besseren Lesbarkeit halber wurde deshalb auf Fußnoten und detaillierte Quellennachweise in jedem Einzelfall verzichtet. Orthografie und Interpunktion in Zitaten wurden modernisiert.

Ein berühmter amerikanischer Autor meinte, Lektorieren sei göttlich. Offenbar kennt er Heike Ochs. Sie hat mit Zuspruch und Genauigkeit wunderbar geholfen. Zu danken habe ich auch dem Kenner und Freund Egon Voss für wenige, aber wichtige Hinweise. Meiner Frau Saskia von Sanden widme ich dieses Insel-Buch.

BILDNACHWEIS Bildarchiv Preußischer Kulturbesitz, Berlin: S. 39 Nationalarchiv der Richard-Wagner-Stiftung, Bayreuth: S. 9, 20, 43, 71, 99, 117, 132

 Bezugspapier: William Morris, Tapetenmuster »Lea«, 1885 · Foto: The Bridgeman Art Library · Gesetzt in der Schrift Garamond von der Satz-Offizin Hümmer GmbH, Waldbüttelbrunn · Gedruckt auf holzfreies, alterungsbeständiges Werkdruckpapier der Firma Cordier, Bad Dürkheim, vom Druckhaus Nomos, Sinzheim · Gebunden in Fadenheftung von der Josef Spinner Großbuchbinderei GmbH, Ottersweier · Printed in Germany · Erste Auflage 2013
ISBN 978-3-458-19373-9

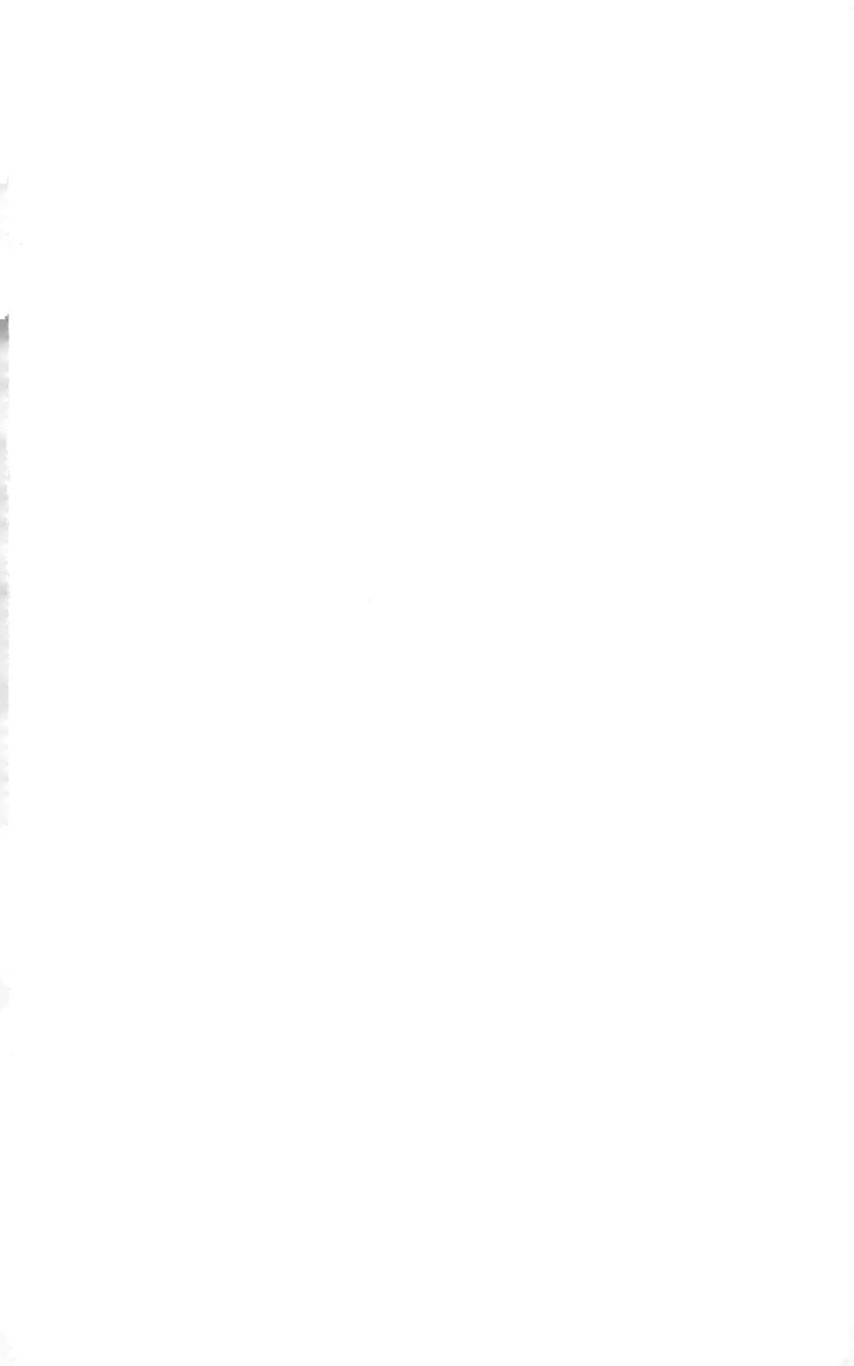

»Einfach schöne Bücher«

Im Jahr 2012 besteht die Insel-Bücherei seit 100 Jahren, in dieser Zeit sind über 1600 Bände der traditionsreichsten und schönsten Buchreihe Deutschlands erschienen.

Am 6. Juli 1912 erscheinen im Insel Verlag, Leipzig, die ersten zwölf Bände einer neuen Buchreihe. Sie heißt »Insel-Bücherei«, jeder Band, gebunden und mit Buntpapierüberzug, kostet 50 Pfennige. Der erste Band: *Rainer Maria Rilke, Die Weise von Liebe und Tod des Cornets Christoph Rilke.*

Der Insel Verlag führt die Reihe in Leipzig, Wiesbaden, Frankfurt und Berlin bis heute fort. Die Insel-Bücherei präsentiert klassische Literatur, Weltliteratur aus allen Kontinenten und moderne Texte, in Einzelausgaben und in Sammlungen, Bände zu kulturhistorischen Themen und Anthologien: »Weltgeist in der Westentasche« (Uwe Tellkamp).

Alle Bände sind typographisch individuell eingerichtet, mit Illustrationen, Fotografien, Schmuckfarben oder Vignetten versehen, auf holzfreien, alterungsbeständigen Papieren gedruckt, fadengeheftet und in dekorative Überzugspapiere eingebunden.

»Erst der Insel Verlag demonstriert,
was das ist: ein schönes Buch.«
DIE ZEIT